CINEMA E PSICANÁLISE

VOLUME 4

DIRETOR EDITORIAL E DE ARTE JULIO CÉSAR BATISTA
PRODUÇÃO EDITORIAL CARLOS RENATO
CAPA HENRIQUE BARSALI
PROJETO GRÁFICO ÁTHILA PELÁ E ERICK PASQUA
EDITORAÇÃO ELETRÔNICA ÁTHILA PELÁ, ERICK PASQUA E THOMÁS DE FREITAS
REVISÃO BEATRIZ SIMÕES E CAROL SAMMARTANO

Dados Internacionais de Catalogação na Publicação (CIP)
(Câmara Brasileira do Livro, SP, Brasil)

Montagem e interpretação : direção da cura / direção Christian Ingo Lenz Dunker, Ana Lucilia Rodrigues. -- 2. ed. -- São Paulo : nVersos, 2015. -- (Coleção cinema e psicanálise ; v. 4)

ISBN 978-85-8444-061-0

1. Cinema - Montagem 2. Filmes cinematográficos - História e crítica 3. Psicanálise - Interpretação 4. Psicanálise e cinema I. Dunker, Christian Ingo Lenz. II. Rodrigues, Ana Lucilia. III. Série.

15-07579 CDD-791.43019

Índices para catálogo sistemático:

1. Interpretação psicanalítica : Cinema 791.43019

1ª edição – 2014
2ª edição – 2015
1ª reimpressão – 2017
Esta obra contempla o novo Acordo Ortográfico da Língua Portuguesa
Impresso no Brasil
Printed in Brazil

nVersos Editora
Rua Cabo Eduardo Alegre, 26
01257060 – São Paulo-SP
Tel.: 11 3382-3000
www.nversos.com.br
nversos@nversos.com.br

CINEMA E PSICANÁLISE

VOLUME 4

MONTAGEM E INTERPRETAÇÃO: DIREÇÃO DA CURA

Direção: Christian Ingo Lenz Dunker
Ana Lucilia Rodrigues

nVersos

Sumário

Apresentação da coleção

A Coleção *Cinema e Psicanálise* explora diferentes maneiras de pensar as relações entre cinema e psicanálise. Por meio de textos de cunho ensaístico, pretende apresentar relações temáticas entre conceitos da psicanálise, noções de teoria e crítica do cinema e problemas práticos da produção de filmes. Isso inclui a tradicional interpretação psicanalítica de narrativas fílmicas, mas principalmente pequenos estudos focais envolvendo homologias entre técnicas de enquadre, fotografia, música e montagem úteis para o entendimento do processo clínico representado pelo tratamento psicanalítico.

A linguagem do cinema, lembrando sua contemporaneidade histórica com o nascimento da psicanálise, apresenta características específicas que permitem pensar criticamente tanto os conceitos da psicanálise quanto a sua prática. A Coleção *Cinema e Psicanálise*, em cada um de seus volumes, aborda semelhanças e diferenças entre o processo de produção fílmica e os problemas formais que o psicanalista enfrenta na direção do tratamento psicanalítico. Fazer cinema e fazer psicanálise teriam, neste sentido, algo em comum do ponto de vista prático.

Nossa abordagem entende o cinema como campo de criação de problemas formais sobre a subjetividade e como linguagem, narrativa e discurso sobre suas modalidades de sofrimento. E trata a psicanálise não só como teoria do funcionamento psíquico, mas como método clínico de tratamento e experiência ética de transformação.

A Coleção *Cinema e Psicanálise* é o produto de uma experiência desenvolvida em torno desta hipótese nas *Jornadas Paulistas de Cinema e Psicanálise*, que ocorrem desde 2009 no Instituto de Psicologia da USP. Chamados para falar sobre seu trabalho, diretores, montadores, iluminadores e programadores apresentaram relatos e reflexões que, ao longo do tempo, abriram uma nova maneira de pensar a relação entre estes dois campos.

Christian Ingo Lenz Dunker
Ana Lucilia Rodrigues

Prefácio

Alguns anos atrás, estava numa sala de cinema à espera do início de uma sessão de um filme. Antes do apagar das luzes, percebi que entrava na sala um psicanalista que admirava muito, que costumava escrever análises de filmes sob o ponto de vista da psicanálise. Brinquei com a minha esposa: "depois da sessão, vou lá perguntar para ele o que achou do filme".

Como roteirista de cinema, posso dizer o quanto a psicanálise é fundamental na minha rotina. Não apenas na interpretação dos filmes vistos, mas antes mesmo, quando estou tentando criá-los. Desde a construção das personagens até a busca por sentido na história que se quer narrar, não há como enfrentar uma página em branco de um roteiro sem ser minimamente permeado por suas ideias e conceitos. Freud e Jung já me salvaram algumas vezes.

Sempre tive a impressão de que o cinema também contribuiu para o avanço de teorias psicanalíticas, como se as duas áreas mantivessem um constante e rico diálogo, em que os caminhos se iluminam reciprocamente. Ao ler *Cinema e Psicanálise*, minha impressão se tornou uma certeza.

Estamos diante de um vigoroso trabalho, muito bem dirigido por Christian Ingo Lenz Dunker e Ana Lucilia Rodrigues, que nos revela relações absolutamente inovadoras entre os dois mundos. Fiquei surpreso ao perceber como conceitos tão caros ao cinema podem ser aplicados com a mesma propriedade à rotina de um consultório.

Nas próximas páginas, por exemplo, Dunker nos fala das homologias entre o ato da montagem e a rotina do psicanalista: será que diante do analisado, o psicanalista não atua como o montador de um filme perante as histórias apresentadas pelos pacientes? Já Fábio Camarneiro nos coloca na presença de uma nova camada no cinema do gênio Eduardo Coutinho: será o nosso maior documentarista um psicanalista atrás da câmera?

Como numa estrada de mão dupla, se por vezes os trabalhos apresentados partem do cinema para chegar ao consultório, o caminho inverso também é trilhado. Lucia Santaella brilhantemente nos expõe as relações entre sonho e cinema e sobre como a sala de projeção pode ser análoga à criação de imagens que ressoam em nosso inconsciente. Podemos também "ouvir" o que Maria Lucia Homem tem a nos dizer sobre *A escuta fílmica* e o papel do cinema ao "dar forma ao nosso funcionamento mental". E mais.

Não deve ser à toa que Cinema e Psicanálise tenham nascido em épocas muito próximas da história – e estejam entre as mais influentes e definidoras formas da cultura do mundo moderno. O que temos aqui é a reafirmação desse parentesco, por meio de textos que enriquecem tanto o trabalho dos psicanalistas como o dos cineastas.

Ótima leitura.

Thiago Dottori

Roteirista de cinema e TV. Escreveu, entre outros filmes, *vips* e *Os 3*; é roteirista das séries *Trago Comigo* (TV Cultura), *Destino S.P* (HBO), *Pedro e Bianca* (indicada ao Emmy internacional) e *Psi*, escrita em parceria com o psicanalista Contardo Calligaris para o canal HBO.

1. Construção e montagem da sessão em psicanálise

CHRISTIAN INGO LENZ DUNKER

Psicanalista, professor livre-docente do Instituto de Psicologia da USP, autor de *Estrutura e constituição da clínica psicanalítica* (AnnaBlume, 2011), *Constitution of psychoanalytic clinic* (Karnac, 2010), *O cálculo neurótico do gozo* (Escuta, 2002) e *Lacan e a clínica da interpretação* (Hacker, 1996). Coordenador do Laboratório de Teoria Social, Filosofia e Psicanálise da USP (Latesfip/USP) e analista membro da Escola do Fórum do Campo Lacaniano. Em 2012, recebeu o Prêmio Jabuti de Literatura na categoria Psicologia e Psicanálise.

Entre cinema e psicanálise existem inúmeras afinidades: sociológicas, narrativas, políticas, semióticas, temáticas e hermenêuticas; contudo, a afinidade fundamental que será explorada neste capítulo é de método. Examinaremos a montagem da sessão psicanalítica como um processo homólogo à montagem de um filme. O psicanalista opera como um editor, pontuando, titulando, escandindo ou revisando o texto falado de seu paciente. No entanto, esta aproximação pode ser ainda mais refinada se ampliarmos a homologia para os processos fílmicos. Construção e montagem são processos que incidem tanto no lado do psicanalista quanto do psicanalisante. Reservamos o termo construção para a reunião articulada e refletida do conjunto de encontros e para a ligação do tratamento com outros casos, conceitos, regularidades clínicas e com o sistema de transmissão da psicanálise. A montagem refere-se ao processo mais interno dos acontecimentos por dentro do tratamento, que sofrem necessariamente um aplainamento narrativo e uma redução simbólica quando se passa ao plano da construção. A montagem corresponde à feitura do filme, enquanto a construção envolve sua distribuição, divulgação, finalização e integração ao sistema das artes e da crítica.

1.1 O início

Quando o psicanalista recebe um paciente, ele tem de tomar uma série de decisões que determinam o início do tratamento. É preciso saber se o tratamento é necessário, possível e desejável. Este processo de mútuo engajamento entre analista e analisado pode durar de algumas semanas até meses[1], e é conhecido como tratamento de ensaio (Freud[2]) ou entrevistas preliminares (Lacan). As entrevistas preliminares permitem ao analista aceitar um analisado ou não. Inversamente, conferem tempo ao analisado para que este se confronte com a magnitude e os termos da proposta e decida nela se engajar. Trata-se de um processo de ética, pois ultrapassa a mera verificação de certos critérios de análise. É uma escolha, uma aposta ou decisão que não se resume à mera deliberação da consciência, pois ela carrega dentro de si disposições que serão, inclusive, objeto posterior de análise. Ao mesmo tempo, tais entrevistas são uma espécie de prevenção, pois "a interrupção do tratamento neste período poupa ao paciente a impressão aflitiva de uma tentativa de cura que falhou"[3]. Este experimento preliminar, entretanto, é, ele próprio, o início de uma psicanálise e deve conformar-se às regras desta. Não se comunica nada além do indispensável para o prosseguimento do relato, as intervenções são, principalmente, pedidos de esclarecimento, pontuações fáticas e escansões de sessão.

---

1 "[...] eu procedo sempre com numerosas entrevistas preliminares [exemplo: depois de três meses se constatou que], ao menos havia *uma aposta insustentável para ela em fundar a transferência no sujeito suposto saber* já que por outra parte o método implica que se sustente uma ausência total de preconceitos em relação ao caso." LACAN, J. *O seminário livro XVIII de um discurso que não fosse do semblante*. Rio de janeiro: Zahar, 2011. p.71.

2 FREUD, S. Conselhos ao médico sobre o início do tratamento. *Obras completas de Sigmund Freud Vol. XII.* Buenos Aires: Amorrortu, 1988.

3 FREUD, S. Sobre o início do tratamento. *Obras completas de Sigmund Freud Vol. XII*. Buenos Aires: Amorrortu, 1988. p.165.

Quando assistimos a um filme, há um tempo que nos detém antes que "entremos" na trama. Este não deve ser considerado mecanicamente como a apresentação completa e esclarecida de uma situação inicial, se bem que muitos filmes convencionais comecem assim. O filme nos captura quando nos implicamos naquilo do qual ele é feito, na sua "verdade", para usar a expressão de Alain Badiou[4].

O horário, a frequência, o pagamento, o uso do divã e a duração que o tratamento tomará são temas usualmente abordados, de forma gradual ou pontual, durante a abertura do tratamento. Na psicanálise anglo-saxônica, estas condições ou regras sob as quais o tratamento se desenvolverá e cuja observância tem valor constitutivo para a situação é chamada *setting* ou enquadre. Lembremos que o enquadre é um procedimento da fotografia e do cinema que consiste em localizar o ponto no qual queremos atrair a atenção do espectador. No enquadre centralizado ou frontal, hegemônico nos primeiros 15 anos de cinema, o protagonista devia sempre aparecer focalizado no centro da imagem. Depois disso, importou-se a regra dos três terços, na qual o sujeito fica situado ao longo dos dois eixos que dividem o quadro em três partes, horizontal e verticalmente ou ambos ao mesmo tempo. Já no cinema dos anos 1950, importou-se das artes plásticas o princípio do "equilíbrio das massas", no qual o vazio deixado pela descentralização excessiva do sujeito é compensado pelas figuras agrupadas ao seu redor. Gradualmente, a descentralização e a variação de ângulos de tomada (vertical, horizontal, paralela e desenquadramento) começaram a ser usadas como recursos para exprimir sentimentos, produzir atmosferas e modalizar o valor da mensagem segundo o "clima do filme"[5]. A dissociação entre o ponto

4 BADIOU, A. *Para uma nova teoria do sujeito*. Rio de Janeiro: Relume Dumará, 1987.

5 JULLIER, L. ; MARIE, M. *Lendo as imagens do cinema*. São Paulo: Senac, 2009.

de vista e o de escuta, que permitem a interveniência de sons que não vêm de um lugar definido, a alternação entre câmera baixa e câmera alta e demais recursos de variação do enquadramento são elementos da linguagem do cinema e explicam boa parte do trabalho da câmera com relação à fixação, à dispersão ou à concentração da atenção do espectador. Assim, nossa fala também está repleta de recursos de enquadramento. Especialmente no início do tratamento, o enquadre é a estabilização das condições pelas quais a associação livre e a atenção flutuante poderão se exercer.

O ponto controverso das entrevistas preliminares diz respeito ao fato de que nelas já se operam as mesmas regras que comandarão o resto da análise e é por isto que, por tantas vezes, parece inútil tentar explicar ao paciente como esta funciona. Em outras palavras, em vez de explicar o "manual de uso", opta-se por apresentar o funcionamento na prática, utilizando o mesmo tipo de acolhimento, consideração e método de exame das questões que se propagarão ao longo do tratamento.

Na psicanálise, há apenas uma grande regra, fundamental e constituitiva: a *associação livre*, do lado do analisado, e seu correlato do lado do psicanalista, a *atenção equiflutuante*. A cada sessão, o analisado deve resolver certos problemas que são, por assim dizer, formais e dedutíveis da estrutura da situação. Correlativamente, a introdução do paciente a esta regra do método implicará decisões do lado do analista quanto ao modo de tratar o material discursivo proveniente da associação livre e de sua interrupção, seja pela emergência de falas que não seguem a associação livre (juízos, esclarecimentos, apostos e explicações), seja pela aparição de silêncios, interrupções e lacunas.

Assim como no cinema, há uma regra de continuidade. Ela não precisa se exercer ao modo de um realismo descritivista ou de uma narrativa linear, mas uma vez posta em ação uma determinada realidade discursiva, certas expectativas e regras de coerção acabam por se impor.

Durante este período, uma série de questões é examinada para decidir quanto à conveniência, à possibilidade e à indicação para o tratamento psicanalítico. Há três tipos de consideração a fazer. A de natureza *diagnóstica* nos faz avaliar a origem do sofrimento envolvido, o tipo de sintoma e se é possível abordá-lo pela psicanálise.

Em segundo lugar, há as considerações de natureza *disposicional,* pelas quais se examina se as condições necessárias para o tratamento estão dadas, ou seja, se há tempo, interesse, certa afinidade entre analista e analisado.

Em terceiro lugar, mas não menos importante, abordam-se as condições *transferenciais.* A psicanálise se diferenciaria de outras formas de psicoterapia justamente por levar em conta, como principal instrumento da cura, a relação de transferência entre analista e analisado. Esta envolve a colocação em ato da realidade do inconsciente, ou seja, na medida em que se fala livremente, produzem-se efeitos de todo tipo. Mas toda vez que "falamos autenticamente para outro", surgem efeitos de transferência. Há uma tendência a historicizar e a lembrar de tal forma que, gradualmente, temos de interpolar lembranças, juízos sobre lembranças e acomodações do lembrado à situação vivida no momento. Isto poderia ser descrito conceitualmente como uma dialética entre desenvolvimento do saber e momentos de verdade. Aqui começam as homologias com a construção do filme. A cada vez, o analisado terá de decidir e, muitas vezes, isto será percebido como uma "decisão involuntária", a ordem de apresentação das lembranças, a posição na qual ele se coloca diante do que tem a dizer, os pontos de inflexão ou abertura para interveniência do outro e assim por diante. Como na distribuição do enredo, o diretor terá de escolher se a história se desenvolverá em *flashback* ou em uma progressão direta, se haverá apenas uma cena temporal ou várias cenas paralelas ou interconectadas. Pode haver, também, planos de realidade intercalados, oferecendo níveis diegéticos diferentes e indeterminados, como quando se traz um sonho, uma recordação nebulosa ou uma reconstrução duvidosa.

Como no cinema, muitos pacientes se perguntam por onde devem começar: biografia, história clínica, sonhos, recordações infantis, o problema mais premente ou o desencadeamento último de sintomas. Aqui há uma regra empírica decisiva: as primeiras comunicações, sejam elas do analisado ou do analista, são muito importantes. E esta regra vale tanto para o início da primeira sessão quanto para o de todas as outras e ainda para os diferentes reinícios que o tratamento possa vir a sofrer. A estrutura está no começo, mesmo que nós ainda não saibamos do que ela é feita nem quais são seus elementos essenciais. No fundo, a história de uma vida é como um novelo de lã, que liga um ponto qualquer a qualquer outro ponto. Não há, portanto, nenhuma necessidade de que se parta de um elemento ou de outro, mas depois que se escolheu um ponto de partida e que se estabeleceu um enquadre relativamente estável, ele deixa de ser contingente. Contudo, novamente recorrendo ao cinema, encontraremos alguns escritores de roteiros que nos dão uma lista de aberturas ruins, ou seja, inícios que prometem uma estrutura narrativa desnecessariamente complexa ou trivialmente simples, por exemplo: abrir com um sonho que revela, logo no início, que tudo o que se vê está sob desconfiança de que se trate "apenas de mais um sonho"; abrir com um despertador acordando seu protagonista, afinal esta é a abertura "natural" de todos os nossos dias; abrir com uma sequência não intencionalmente engraçada, pois o chiste presume certa afinidade ou intimidade com seu destinatário, que é o que a abertura deveria criar e não pressupor; abrir sem diálogos, pelo mesmo motivo anterior; e, finalmente, abrir com um diálogo franco e direto, o que viola a expectativa de que seremos apresentados aos personagens e nos joga no interior de um diálogo entre pessoas que não conhecemos[6]. Neste caso, a homologia com a psicanálise baseia-se em uma simetria invertida. Quase todos os casos de más aberturas fílmicas dão boas metáforas para a abertura da sessão psicanalítica: trazer um sonho, ser acordado por uma interpretação "despertadora", interpolar um chiste "incidental", tecer um diálogo com um desconhecido (sem ter de torná-lo conhecido para o diálogo produzir efeitos interessantes) e, até mesmo, o caso de um silêncio pausado, que prepara uma boa entrada em cena. Por outro lado, há um conselho positivo sobre o roteiro de abertura que pode ser partilhado pela sessão psicanalítica. *Comece pela ação*, dizem os roteiristas; preste atenção aos atos (narrados ou encenados), dizem os psicanalistas.

Esta regra possui uma correlação reconhecida por aqueles que se dedicaram à escrita de roteiros para cinema e de textos de literatura. Há várias maneiras de começar uma história, mas dificilmente ela poderá ser considerada aberta sem que tenhamos quatro elementos: o herói (e seus eventuais aliados), seu oponente (e eventuais associados), as circunstâncias dadas e as dificuldades (ou eventos transformadores de vida)[7]. Mesmo que estes elementos sejam rapidamente apresentados ao espectador, o herói só termina de se apresentar e, portanto, completa a estrutura do ato, quando ele se faz representar por um traço ou por uma espécie de fala fundamental, a partir da qual sabemos o que se pode esperar dele. "Que a força esteja com você" (*Star wars*), "Adoro o cheiro de napalm pela manhã" (*Apocalypse now*) ou "ET phone home" (*E.T.*) e "No problemo" (*O exterminador do futuro*) são exemplos de tais traços. Mas há outra maneira de localizar o sujeito, a saber, procurando pelos traços de sua ausência, pelos lugares nos quais ele nega sua presença. Há um conto de Conan Doyle em que

6 EDGERTON, L. *Hooked*. Cincinnati: Writer's Digest Books, 2007. p.188-191.

7 TOBIN, R. *The screenwriting formula*. Cincinnati: Writer's Digest Books, 1957. p.5.

um cavalo de corrida é raptado misteriosamente, mesmo tendo à porta do celeiro um antigo e atento cão de guarda, que não latiu[8]. Ora, o mistério se resolve quando podemos reconhecer como um fato este acontecimento negativo, que é o ato de não ter latido (o que leva a suspeitar de alguém conhecido pelo cachorro).

Para o psicanalista Theodor Reik, a importância essencial dos primeiros movimentos da sessão (dar a mão, retirar sapatos, pendurar casacos, sentar ou deitar-se), bem como dos elementos que se repetem como silêncios característicos, frases de início e fim de sessão, estabelecem o "biombo" que vai do cordial ao desinibido. É o que ele chama de atmosfera, meio e veículo, no qual a sessão se organiza[9].

A ideia de que qualquer gesto ou pequena atitude porta um "sentido latente" e que, portanto, o inconsciente não é um conjunto de conteúdos escondidos e raros, mas uma superfície de significantes, fica mais clara se recorremos ao cinema. Nele, cada aspecto de uma cena pode ter sido cuidadosamente planejado pelo diretor de arte, pela equipe de fotografia, pela trilha sonora escolhida e assim por diante. Desta maneira, qualquer elemento dentro do filme pode ser analisado segundo as operações de construção necessárias para que o sentido se produza, mas aquele que se interessar por fazer esta decomposição sistemática e exaustiva de todos os efeitos de ilusão simplesmente não conseguirá acompanhar o filme. A decomposição dos elementos de uma cena, ou seja, a sua análise, deve sempre privilegiar os motivos clínicos. Isto quer dizer que, quando escutamos um analisante, não devemos nos deixar prender apenas pelo enredo, pelos grandes efeitos emotivos da história ou pela tentativa de compreender o que ele ou ela está "querendo dizer".

---

8 DOYLE, A.C. *O estrela de prata e outras histórias de Sherlock Holmes*. São Paulo: Círculo do Livro, 1990.

9 REIK, T. *A atmosfera psicanalítica*. São Paulo: Boletim da Pulsional, 1990.

Isto é o que Lacan chamou de relação imaginária, ou seja, aquela que se baseia na antecipação do sentido, na substituição, por identificação, do espectador com um personagem, traço ou situação. A retomada deste sistema de identificações, pelo próprio sujeito, pelo exercício da recordação e da ab-reação dos afetos, está no início da técnica psicanalítica e era conhecida como método catártico, cuja capacidade de produzir efeitos de remoção terapêutica de sintomas e inibições não deve ser desprezada. Reviver sua própria história, com especial atenção modificada aos pontos de difícil integração com a experiência subjetiva, como se se tratasse de reviver uma sequência censurada ou de introduzir trilha sonora e cor em um filme mudo em preto e branco (ou, inversamente, retirar a cor e o som para que outros aspectos possam ser realmente experimentados), não é uma prática destituída de potência terapêutica.

Contudo, além da eficácia imaginária, é preciso ler as condições estruturais de produção do sentido: a posição do sujeito, os significantes que o localizam e representam, as variações, repetições ou insistências de enquadres discursivos e enunciativos que fazem o desejo inconsciente se organizar em torno de uma fantasia. Isso é o análogo fílmico do que Lacan chamou de simbólico. Mais além do fluxo imaginário de sustentação do sentido e dos processos simbólicos de produção do desejo, que formam a realidade psíquica ou, em nossa homologia, a realidade fílmica, temos de levar em conta os momentos nos quais a estrutura fílmica é perturbada, ou seja, momentos que podem indicar a presença do real. Isso se verifica tanto em efeitos de angústia quanto nas diferentes formas de fracasso da articulação entre simbólico e imaginário, como erros de continuidade (atos falhos), discussões com a câmera que deveria permanecer oculta (*acting out*), falhas de montagem (fenômenos de repetição), soluções formais "forçadas" (sintoma), roteiro sem amarração (delírio), intrusão do diretor ou da equipe de produção na imagem filmada (alucinação), e assim por diante. Quando isso ocorre, é como se a nossa fantasia, que é o que dá forma e unidade ao filme, fosse perturbada.

Chegamos, assim, a um dos pontos cruciais das entrevistas preliminares, ou seja, saber por que alguém procura uma análise. A ideia de que uma pessoa está sofrendo ou quer diminuir a infelicidade em sua vida, por isto procura um psicanalista, é parcialmente verdadeira na clínica. Não é quando sofremos que procuramos ajuda, mas quando o saber que temos sobre nosso sofrimento se mostra insuficiente, inaceitável ou contraditório. Em última instância, um pedido de análise ocorre quando nossa fantasia não consegue articular de modo pertinente as relações entre o simbólico e o imaginário, tornando o filme de nossa vida uma produção que precisa ser corrigida. Isso usualmente aparece como a realização de que há algo "sem sentido" neste filme. Geralmente não se quer que o analista ou que nós mesmos descubramos a verdade contida neste fragmento sem sentido do real. O que queremos no estado "ingênuo" da queixa é que nossos sintomas se acomodem novamente à nossa fantasia. Em outras palavras, estamos desadaptados em relação à realidade e a nós mesmos, mas pela estrutura do sintoma, estamos sempre mais adaptados e conformados aos nossos sintomas do que gostaríamos de admitir.

Diz-se que quando Woody Allen filmou *Noivo neurótico, noiva nervosa* (Annie Hall, 1977), ele tinha em mente um filme sério e introspectivo sobre a vida de um casal em Nova York. Quando o material chegou ao montador, este disse que era impossível fazer o filme proposto. Woody Allen quase desistiu do projeto, mas foi demovido pela ideia de que na verdade ele havia filmado uma coisa diferente do que imaginava e pretendia. Ele tinha uma comédia, não um drama. Às vezes, o que se descobre no início de uma análise ou no fim é que estamos tentando fazer um filme quando há mais material para fazer outro. A nossa tragédia pode ser, na verdade, uma comédia mal filmada, nosso drama pode encobrir um filme de terror ou o que se esperava de uma comédia romântica sem graça se mostra um documentário denso e vertical.

Pensando nisso, entendemos melhor o conselho prático que recomenda desconfiar dos pedidos de postergação do início do tratamento, ou de condições de excepcionalidade para sua realização, pois eles podem indicar que o próprio pedido malfeito é parte do sintoma. Há algumas contraindicações que geralmente são enunciadas nas entrevistas preliminares "conforme a ocasião" e "se necessário" na formação do enquadre psicanalítico: não comentar ou discutir o tratamento com amigos ou outras pessoas, estar ciente dos riscos da gratuidade, reconhecer o caráter desfavorável de um conhecimento prévio e os riscos da proximidade social ou familiar com o paciente. A parcimônia quanto à natureza exata dos resultados que se vai obter decorre de outro aspecto das entrevistas preliminares, ou seja, de que elas possuem a estrutura de uma aposta ou promessa, que é composta pela gradual passagem dos sintomas, das formas de sofrimento e de mal-estar de um relato para uma atualização vivida.

Na abertura dos filmes, presume-se que os elementos apresentados possuem alguma necessidade lógica, narrativa ou discursiva que se esclarecerá retrospectivamente. Também na abertura está em jogo uma sutil concessão ao universo e à atmosfera de questões e personagens aos quais seremos apresentados. Todo filme tem sua promessa e, quando ela demora demais ou de menos para se colocar, perdemos algo de sua experiência. E, definitivamente, se ficamos comentando seu desenvolvimento ao longo de sua exibição, é porque há algo de errado em nós ou no filme. Ainda assim, não sabemos qual é o valor e quais são os signos em que devemos depositar atenção e importância na abertura dos trabalhos psicanalíticos. Esta é a dimensão que alguns autores da semiótica chamam de contrato dialogal, ou seja, a cadeia de conexões entre os signos específicos sobre os quais se articula uma relação de linguagem, por exemplo, uma paisagem, um brinquedo de natal ou uma orquestra tocando, o sobrevoo por uma cidade e o tipo de discurso ou de laço social que se estabelecerá entre os participantes. Geralmente, quando fixamos esta relação é porque fizemos uma suposição acerca de qual gênero o filme pertence. Este seria o equivalente fílmico da hipótese diagnóstica que o psicanalista expõe nas entrevistas preliminares e que reatualiza a cada sessão. Mas atenção: é importante que alguma hipótese se forme e não que ela se verifique verdadeira. Por exemplo, *Um drink no inferno* (*From dusk till dawn*, de Robert Rodriguez, 1996) inicia nos fazendo acreditar que estamos diante de um filme de ação, sobre fugitivos de um assalto a banco, que se cruza com uma espécie de *road movie*, vivido por uma família problemática em férias. Esta relativa originalidade dada pela combinação entre os dois gêneros muda completamente quando o filme se transforma em um *trash movie* de terror com mulheres vampiras e demônios monstruosos tomando a cena inesperadamente. Acontece nos filmes, acontece na clínica.

A teoria das entrevistas preliminares é uma síntese de um dos aspectos práticos fundamentais do método psicanalítico: sua importância conferida aos inícios. A primeira vez que um tema é abordado, a primeira vez em um encontro amoroso, uma história feita das infinitas primeiras vezes que comandam os encontros de uma vida. A primeira experiência de satisfação cria o desejo, a primeira experiência de dor institui o eu, a primeira experiência de angústia modula todas as suas reincidências futuras, a primeira cena traumática determina os sintomas, o primeiro encontro com “a coisa” sexual determina a fantasia. Mas esta importância dos inícios não deve ser referida à primazia da infância, pois o início de que se trata é o lugar, não a origem. E este lugar é uma construção lógica e uma montagem discursiva.

1.2 O fim

Os diferentes aspectos que constituem uma sessão psicanalítica dependem de uma espécie de estratégia sem estrategista, ou melhor, cujo estrategista deve ser deduzido das diferentes soluções encontradas por aquele que fala. Tão difícil quanto saber quando terminam as entrevistas preliminares é delimitar onde está o fim do tratamento. Se o final das entrevistas preliminares institui, por sua vez, o início do tratamento, o final da sessão seria um homólogo do final do tratamento. O término do momento em que se inicia uma sessão marca a possibilidade de que ela terá um fim. Sessões que nunca começam, nunca terminam. Freud já havia comparado o tratamento psicanalítico com o jogo de xadrez, pois dele podemos ter uma imagem mais clara das aberturas e dos finais, mas as combinações entre os jogos são tão extensas que é difícil produzir uma teoria sobre o meio do jogo. Por isto, vamos apresentar nossa homologia entre a sessão de análise e o cinema, indo do início para o fim, e, depois, abordaremos o que se passa no meio.

É só quando a sessão chega a seu fim que podemos construir, restrospectivamente, seu ponto de início. A sessão psicanalítica deve ser pensada tanto como um procedimento de montagem, que se realiza em ato, nas condições oferecidas pelo tempo e pelo discurso dos envolvidos, quanto como uma construção, ou seja, uma elaboração posterior sobre os dizeres ali acontecidos. Portanto, se uma sessão não for montada como tal, no curso de seus acontecimentos de fala, e construída em elaborações posteriores, que podem ou não ser reintroduzidas nas sessões subsequentes, não podemos falar em estrutura da sessão ou do tratamento.

É aqui que a analogia com o filme pode nos ajudar. Tudo se passa como se o analisado trouxesse para a sessão as inúmeras cenas filmadas ao longo de sua vida. Cenas que contêm signos e histórias de outras vidas, que foram, por sua vez, filmadas por outros e assim por diante. Mas ele não as projeta em sua totalidade e não poderia fazê-lo para o analista. Desta forma, ele escolhe as sequências, enquadres e planos. Lacan comparava o analista ao parceiro do jogo de *bridge*, que funciona como um parceiro ausente, permitindo que o sujeito utilize suas próprias cartas em combinação com as do morto para fazer seu próprio jogo. Assim é se pensarmos que o analista não é o diretor, mas o montador do filme. Ele só pode operar com o material trazido pelo analisado. Os cortes e ligações que ele faz são, afinal, recusados ou incorporados pelo diretor, mas, em última instância, pelo próprio filme. A habilidade fundamental do bom montador consiste em saber onde está o início e o fim de um plano ou de uma sequência. Sua virtude é a da concisão, sua disciplina é baseada no desejo de fazer o filme continuar. Devemos lembrar que um bom filme pode apresentar uma narrativa totalmente fragmentada, desde que sua consistência como discurso seja preservada. Um montador experiente saberá valorizar a tomadas mal constituídas, erros e demais deslizes ou corrupções do roteiro e do *storyboard*. Ele saberá reconhecer no improviso ou tropeço de um ator um momento decisivo, assim como a importância potencial de uma trilha sonora e da fotografia.

Um filme não é filmado na ordem direta na qual ele se apresenta. As últimas cenas podem ter sido as primeiras a serem filmadas. Há muito material filmado que jamais fará parte do resultado final. Existem tomadas que, por erro do assistente de produção, perderam seu registro e agora não sabemos mais onde elas entram no filme. Existem várias versões de uma mesma cena. Há, sobretudo, uma escolha diante do extenso material acumulado durante a produção em cima do qual se dará a edição. Podemos assim, imaginar que, depois de algum tempo, o analisado e o analista estão reunidos com pilhas de um material filmado disperso pelo chão. O analisado pode achar que ele é o diretor, soberano e senhor de seu filme, mas o filme que se apresenta a cada vez corre dramaticamente às expensas de sua intenção. Há partes que não se juntam, com diferentes finais rodados. Há erros de continuidade, e variações de enquadre e de plano que se podem continuamente aperfeiçoar.

Retenhamos que a montagem fílmica é um procedimento intermediário entre a produção e a pós-produção. No interior da montagem, o corte é a operação mais importante, pois é o momento no qual passamos de uma tomada para outra, o instante de encadeamento ou de articulação. Ele não apenas gera e determina sentidos possíveis no material anterior, como pode dilatar ou suspender o fechamento da significação. O corte determina o andamento do filme assim como opera as principais alternações que o psicanalista pode realizar durante uma sessão, por exemplo, apontando uma palavra que se repete em diferentes momentos da associação livre, ele pode induzir uma relação entre os planos enunciativos. Tal como o corte pode indicar o momento agudo de uma questão, ele possui uma estrutura tripartida: o instante de ver, o tempo de compreender e o momento de concluir. É por isso que Lacan diz que o manejo da transferência em análise é o manejo do tempo.

Há um homólogo fílmico do procedimento psicanalítico do corte e ele também possui uma estrutura tripartida. Trata-se das três principais decisões da câmera, ou seja, o plano (médio, longo ou curto), a sequência (que intercala planos e campos) e o enquadre (que foca ou centraliza o tema). Este conjunto se articula classicamente ao modo de um ato, quando a referência é o teatro, e de cena ou de plano-sequência, quando estamos no cinema. Devemos nos acostumar ao fato de que o fim de uma sessão deve ser lógico, assim como o de um filme ou de uma sequência dentro dele. O fim é, no fundo, a construção lógica de um tempo, uma forma de contagem, de delimitação entre partes, que não é natural nem preestabelecida, que pode ser de várias maneiras, desde que seja de uma. Ou seja, não há finais naturais, apenas finais que são recorrentes ou mais comuns na cultura para certas narrativas. Por outro lado, podemos dizer que, assim como há falsos inícios, há falsos fins, ou melhor, que são ao mesmo tempo um novo início.

Quando João Moreira Salles terminou as filmagens sobre seu documentário envolvendo a casa de sua infância e o inesquecível mordomo Santiago, ele percebeu que algo se perdera entre a intenção inicial do filme, de recuperar uma experiência, e a forma como este processo havia se desenvolvido ao longo das conversas filmadas com o personagem-chave. As filmagens chegaram ao fim, o material estava recolhido, contudo, o verdadeiro filme sobre a impossibilidade de fazer uma reconstrução naturalista da experiência da infância em uma determinada época só começou quando diretor e montador reconheceram o fracasso inicial do projeto. Este poderia permanecer apenas como uma irrealização indefinidamente adiada, contudo, quando seu equívoco foi reconhecido como parte necessária do processo, aí se encerrou logicamente a abertura de um filme, que tornou possível, anos mais tarde, o início de um novo que nós conhecemos: *Santiago*, 2007. É exatamente este tipo de relação com a experiência recordada, repetida e elaborada em análise, que esperamos produzir com nossos analisantes. Não só a retomada de pontos obscuros ou interditados, mas a experiência de sua própria irrecuperabilidade.

A cada conjunto de escolhas no interior desta estrutura forma-se uma superfície, um ponto de vista. Esta posição é do que, em psicanálise, chamamos de sujeito. Ou seja, o sujeito não é o personagem, herói ou vilão, que se retrata na trama dos acontecimentos. Também não é a instância suposta como coordenadora das escolhas de filmagem e de montagem. Ele é deduzido dos procedimentos de corte e montagem. Escutar o sujeito é ler esta posição e como ela se desloca e se transforma ao longo do discurso. Por isso, as perguntas que o psicanalista tem sempre em mente são: *de onde este sujeito fala* (identificado com qual significante, alienado a qual desejo, retido em qual demanda)?; *qual é a sua posição em relação ao que ele diz* (ele mente, ele se nega, ele afirma ou esquece)?; *como se distribuem as divisões que o constituem* (entre quais significantes, entre quais conflitos, entre quais desejos ele se localiza)? Freud dizia que o inconsciente é a outra cena (*Andere Schauplatz*), porque nela está outro sujeito.

Eisenstein, um dos pioneiros do cinema e da teorização sobre a sétima arte, via muitas semelhanças entre os procedimentos inerentes à linguagem cinematográfica e as operações de escritadas línguas orientais. Isto também se verifica na montagem da sessão psicanalítica, que não é apenas um acumulado de palavras. Ela é construída como uma sobreposição de traços, de gestos e movimentos, que se aproximam mais de um sistema de escrita do que da fala. Eisenstein inicialmente tomava o plano, e a posição móvel ou fixa da câmera, como menor unidade do filme, mas:

> *posteriormente Eisenstein se tornou mais interessado nas possibilidades dos elementos dentro do próprio plano, proporcionando várias atrações harmoniosas e conflitantes. Nos dois casos, Eisenstein achava que o cinema só podia existir como arte quando se reduzisse a "feixe" de atrações, como notas musicais, que poderiam ser moldadas rítmica e tematicamente nas ricas experiências das texturas musicais*[10].

O psicanalista que inicia sua prática clínica geralmente é convocado para uma tarefa similar a de alguém que está acostumado e gosta de ouvir música, mas que tem de passar para outra forma de relação com ela, ou seja, deverá continuar a ser capaz de fruir de sua intensidade e riqueza, mas agora deve, ao mesmo tempo, ser capaz de escutar com relativa independência as cordas, os metais, os acordes e melodias, os compassos e os movimentos da música. Ademais,

---

10 ANDREW, D. J. *As principais teorias do cinema*. São Paulo: Jorge Zahar, 1989.

ele deve sair da posição de mero espectador para a de um crítico musical, que, às vezes, interrompe os movimentos ou aponta para uma incongruência e, até mesmo, invade a música de forma minimalista, acrescentando algumas notas ou subtraindo tensões e distensões. Cada vez que ele intervém ou que o próprio analisante interrompe o fluxo tradicional de sua cantiga, temos uma escansão que cria um fim, seja para uma frase, um tema, uma sessão ou uma cura.

1.3 ... e o meio

Podemos agora definir o meio da sessão e, por isomorfismo, o meio do tratamento como este espaço delimitado entre os inícios e os fins. Nele se estabelece o "grosso" do tratamento, seja como elaboração de saber ou como decifração dos desejos inconscientes. Duas operações são características deste momento: o manejo da transferência e a interpretação. Poderíamos, até mesmo, sintetizar o pêndulo básico da análise com a intercalação destes dois momentos: o desenvolvimento da transferência faz com que o analista seja incluído na cena do relato, habilitando as posições interpretativas. Uma interpretação tem por efeito reformular a estrutura da transferência, o que habilita nova posição discursiva e assim por diante. Lacan falou destes dois momentos em termos da abertura e do fechamento do inconsciente, do polo produtivo e do polo de resistência da transferência.

A transferência pode ser descrita como uma tendência a repetir em ação e, em discurso, certo número de recorrências formais. Os mesmos ângulos, articulações temáticas, enquadres, planos e trilha sonora. Diante deste quadro irreconhecido, composto pelo cruzamento misturado destas diferentes formas de repetição, surge um impulso a construir nosso interlocutor, seja ele o analista, algo ou alguém que misteriosamente completa, antecipa e até mesmo participa deste enredo. Alguém que funciona como tesouro de soluções possíveis, como memória de soluções experimentadas e como crítico que incita novas formas de dizer. O psicanalista empresta seu corpo, suas palavras e juízos mais íntimos para produzir o contracenante necessário, o ambiente requerido, o vilão prescrito, o figurante de ocasião. Ele é, ao mesmo tempo, o destinatário ideal para nosso filme e mera projeção necessária para que a história se estruture como tal.

Lacan comparou o tratamento psicanalítico com a encenação das tragédias gregas, dizendo que o analista não é um dos personagens nem o público que acompanha a trama produzindo a experiência de *catharsis*, não é um dos juízes que avaliam a peça, nem mesmo um dos músicos ou dançarinos que acompanham a representação. Para Lacan, o psicanalista tem uma função homóloga à do coro nas tragédias, ou seja, ele atua melhor por sua enunciação do que por seus enunciados, seu discurso é mais eficaz quando é um discurso sem palavras[11]. No fundo, sua presença é necessária para suprir, a cada momento, o suporte para as diferentes sequências e construções do analisado.

É, sobretudo, importante observar, desde o início, o crescer e devir da transferência, ou seja, as primeiras menções à relação com o psicanalista e sua inclusão nas queixas ou nos sintomas do paciente. Escasso é o valor da confiança ou desconfiança inicial, ambas não condicionam o bom andamento futuro do tratamento e, algumas vezes, são atitudes que fazem parte do próprio sintoma. A real dificuldade reside no plano das "resistências internas".

Quanto à interpretação, a própria ambiguidade do termo, quando transposto para o cinema, já apresenta uma utilidade didática. Costuma-se falar em interpretação para definir a qualidade drama-

11 LACAN, J. *O seminário livro VII:* a ética da psicanálise. Rio de Janeiro: Jorge Zahar, 1988.

túrgica dos personagens, o modo peculiar como cada ator encarna e representa seu papel. Neste caso, temos de reconhecer que a interpretação é, no fundo, um atributo do sujeito, é a posição dele no que diz ou faz e, principalmente, como "se coloca" em relação ao desejo, ao gozo e à angústia, como ele se faz representar entre significantes ou se deixa causar pelo objeto *a*. Neste sentido, em psicanálise, interpretar é interpretar o sujeito, é fazê-lo reconhecer, integrar ou separar-se, indicar sua presença e seu desaparecimento, aludir à sua divisão e aos conflitos que o regulam.

Mas há um segundo sentido para interpretação no cinema, que diz respeito à desconstrução dos recursos formais que a linguagem fílmica utiliza para produzir os efeitos que pretende. O processo de interpretação torna-se, nesta acepção, a forma como o filme deve ser lido pelo seu destinatário. Evidentemente, não há um único sentido latente que o bom intérprete deve reconstruir, como uma concepção comunicativa, normativa e contratual de linguagem tenderia a pensar. Um filme está aberto a muitos sentidos, mas não a qualquer um, acrescentaria Lacan. A interpretação pode ser entendida, então, como a combinação entre processos de ambiguação e desambiguação de sentido, capazes de produzir efeitos como o suspense, a inversão de expectativas, a dissolução, o deslocamento ou a condensação de conflitos e assim por diante. A trama de um filme é composta basicamente pelo tipo de conexão entre as séries que organizam seu enredo. Em psicanálise, a decifração do desejo é este processo reverso ao da construção das formações do inconsciente.

Poderíamos pensar, ainda, em uma terceira dimensão da interpretação, presente no cinema, quando entendemos que este interpreta a realidade, transforma a tradição que o tornou possível e se apresenta como um fato cultural entre outros, ou seja, como uma forma de arte. É neste sentido que um filme pode colocar em jogo o real de seu tempo, ao questionar a estrutura de ilusões que mantém unida e uniforme a realidade diante de nossos olhos. É nesta acepção que o filme pode ter uma dimensão mais crítica ou mais ideológica. Há um correlato disto em psicanálise, quando pensamos que a clínica é uma forma de tratamento do real pelo simbólico. A experiência do tratamento coloca em questão não apenas versões de mundos possíveis, modos de expressar ou representar o mundo, como se tratasse apenas de redescrições de estados de mundos possíveis. Há uma conexão lógica entre o parêntese representado pela sessão de psicanálise em relação à vida, e a ela mesma, com seu núcleo de paradoxos e impossibilidades radicais. A interpretação psicanalítica toca o real pela via lógica da interpretação.

São estas as três dimensões da interpretação apontadas por Lacan[12]: a via da *gramática*, em que podemos incluir a noção genérica chave de posição do sujeito; a interpretação *homofônica*, relativa aos jogos de produção e dissolução de sentido; e a interpretação *lógica*, que de certa maneira articula as duas anteriores em torno de suas limitações inerentes.

Certa vez, uma analisada de Lacan abriu novamente a sessão falando sobre sua difícil experiência como judia na Áustria ocupada pelo nazismo. Ela retoma a angústia que lhe ocorria ainda hoje, por volta das cinco da manhã, horário no qual ela era tomada de pânico diante da ronda ostensiva da Gestapo. Ela morava na França, uma vez que seu país natal se tornara inabitável depois desta experiência dolorosa, traumática, e estava ainda tomada de indignação quando pensava na indiferença das pessoas à situação de perseguição aos judeus. Suas associações concentravam-se em torno da dureza com a qual todos se relacionavam com aquilo. Sua língua se tornara o francês uma vez que o alemão fixava uma série de experiências de difícil, mas incontornável, lembrança. É neste ponto que Lacan se levanta

12 LACAN, J. O aturdido. *Outros escritos*. Rio de Janeiro: Jorge Zahar, 2005.

de sua poltrona, aproxima-se do divã em que ela está deitada e gentilmente passa o dorso de sua mão na face dela. A sessão se interrompe, mas não é aí que ela termina, assim como não é no momento em que ela retoma sua experiência na Áustria que a sessão havia começado. Tempos depois, a analisada consegue escutar o que se estava a dizer com aquele ato, em francês: *geste a peau* (gesto na pele). A intervenção permite exemplificar as três acepções da interpretação em psicanálise. Ela é um jogo de homofonia que faz passar o significante traumático em alemão "Gestapo" para uma expressão francesa *geste a peau* (gesto na pele), deslocando, com isto, a "dureza" das atrocidades sofridas contra a "ternura" do acolhimento. Contudo, a oposição subvertida pela dimensão homofônica da interpretação se cruza com a repetição de uma "invasão" sofrida ou eminentemente sofrida pela paciente quando esperava pela entrada violenta dos soldados em sua casa. Assim, do ponto de vista da gramática da posição do sujeito, a interpretação confirma e repete a mesma "intrusão", agora não mais como imaginariamente possível, mas efetivamente ocorrida, por meio do gesto de tocar no rosto da paciente. Finalmente, o fato de que isso tenha sido feito por meio de um gesto, e não de uma colocação verbal, introduz um fragmento, mas de real, que só pode ser localizado depois que levamos em conta a dimensão homofônica e a dimensão gramatical da interpretação.

O tempo de retardo entre a incidência da interpretação e sua realização subjetiva, que se deu apenas fora da sessão, faz pensar em todos estes filmes que apresentam um signo, evidência ou fala inicial cujo valor de interpretação só poderá ser verificado ao fim. Por exemplo, em *O sexto sentido* (*The sixth sense*, de M. Night Shyamalan, 1999), na abertura do filme (na verdade segunda abertura), uma criança diz para o protagonista que ela "vê pessoas mortas". E isto é dito depois de ficarmos sabendo (na primeira abertura) que o protagonista havia levado um tiro. Mas nós não "ligamos" as duas séries. Não percebemos que a fala da criança remete ao psicólogo infantil (personagem de Bruce Willis) e não a ela mesma e seus potenciais distúrbios esquizoides. Um ótimo exemplo de como uma flagrante contradição é suturada pela nossa adesão imaginária aos processos de continuidade de sentido e não à lógica formal de produção dos enunciados em sua relação com a cena de enunciação. A sutura é esta relação propiciada pela transferência como modalidade de fechamento do inconsciente. Na sutura, nós colocamos um objeto específico, o objeto *a*, para fazer o papel de complemento dos recursos de descontinuidade que caracterizam a intrusão do real e do desejo inconsciente na divisão do sujeito. O mais extenso trabalho da análise e do filme é a extração deste objeto em relação à transferência, o que acaba por determinar o fim do tratamento.

No cinema, não há melhor tradução possível deste objeto do que Stanley Kubrick produziu em *O iluminado* (*The shining*, 1980). Trata-se de uma trama na qual uma família vai passar o inverno em um hotel e o pai dedica-se a escrever um livro. O hotel está tomado por espíritos indígenas que fazem aparições e terminam por possuir os atos de Jack Nicholson em uma das interpretações mais contundentes do cinema sobre a loucura. Pode-se atribuir os efeitos de suspense, horror e angústia a uma série mais ou menos convencional de recursos usados em filmes de terror – objetos que se movem, sinais que se repetem, histórias macabras lembradas e demais alusões –, contudo, o que torna este filme único em seu gênero é o fato de que ele não utiliza o recurso formal mais característico e esperado para filmes deste tipo, ou seja, a escuridão. No filme, tudo é aberto, claro, brilhante (*shining*), e este excesso de luz torna tudo muito mais terrível em nossa interpretação. Não os espíritos, o pai enlouquecido ou o hotel encantado, e sim a luz é o verdadeiro objeto *a* nesta experiência fílmica. É ela que sutura a divisão entre sabido e não sabido, entre esperado e indeterminado, que faz o filme tocar no real.

Referências bibliográficas

ANDREW, D. J. *As principais teorias do cinema*. São Paulo: Zahar, 1989.

BADIOU, A. *Para uma nova teoria do sujeito*. Rio de Janeiro: Relume Dumará, 1987.

DOYLE, A. C. *O "estrela de prata"*: e outras histórias de Sherlock Holmes. São Paulo: Círculo do Livro, 1990.

EDGERTON, L. *Hooked*. Cincinnati: Writer´s Digest Books, 2007.

FREUD, S. Conselhos ao médico sobre o início do tratamento. In: *Obras completas de Sigmund Freud*. Buenos Aires: Amorrortu, 1988. 12 v.

______. Sobre o início do tratamento. In: *Obras completas de Sigmund Freud*. Buenos Aires: Amorrortu, 1988. 12 v.

JULLIER, L.; MARIE, M. *Lendo as imagens do cinema*. São Paulo: Senac, 2009.

LACAN, J. *O seminário*: livro 7: a ética da psicanálise. Rio de Janeiro: Zahar, 1988.

______. *O seminário*: livro 18: de um discurso que não fosse do semblante. Rio de janeiro: Zahar, 2011.

______. O aturdido. In: *Outros escritos*. Rio de Janeiro: Zahar, 2005.

REIK, T. *A atmosfera psicanalítica*. São Paulo: Boletim da Pulsional, 1990.

TOBIN, R. *The screenwriting formula*. Cincinnati: Writer's Digest Books, 1957.

Referências fílmicas

ALLEN, W. *Noivo neurótico, noiva nervosa*. [Filme-vídeo]. Direção de Woody Allen. Estados Unidos: Rollins-Joffe Productions, 1977.

KUBRICK, S. *O iluminado*. [Filme-vídeo]. Direção de Stanley Kubrick. Estados Unidos: Hawk Films, 1980.

RODRIGUEZ, R. *Um drink no inferno*. [Filme-vídeo]. Direção de Robert Rodriguez. Estados Unidos: A Band Apart, 1996.

SHYAMALAN, M. N. *O sexto sentido*. [Filme-vídeo]. Direção de M. Night Shyamalan. Estados Unidos: Hollywood Pictures, 1999.

2. A escuta fílmica

MARIA LUCIA HOMEM

Psicanalista. Pós-graduada em Psicanálise e Estética pela Universidade de Paris VIII / Collège International de Philosophie e Faculdade de Filosofia, Letras e Ciências Humanas (FFLCH) da USP. Professora nas áreas de Psicanálise, Cinema, Literatura e Comunicação da Fundação Armando Álvares Penteado (FAAP) e pesquisadora do Núcleo Diversitas FFLCH/USP. Autora de *No limiar do silêncio e da letra* (Boitempo) e participação em *Leitores e leituras de Clarice Lispector* (Hedra), *Estranhas travessias* (Edifieo), entre outros.

2.1 A escuta e o olhar

Em 1888 ou 1889, um detalhe aparentemente trivial inaugurou uma nova forma de se colocar perante o outro. Isto aconteceu no interior da relação entre Freud e Emmy von N. Freud, após a guinada dos laboratórios de neurologia para os estudos da alma, ele estava encantado pelo universo da hipnose e dos novos métodos de aceder ao desconhecido, entre a sugestão e o favorecimento da catarse, o propiciar a descarga do que estaria represado. Talvez por esse entusiasmo, Freud falava, opinava, incitava, perguntava, conduzia. Amor à ciência e ao desbravamento. Emmy, em dado momento, lhe diz: por favor, não me toque, não me olhe, não fale, não pergunte. Sim, expressão incrível: fica na sua. Por favor, deixa-me avançar. E o que aconteceu é que Freud escutou esse dizer. Escutou de uma maneira nova e visceral: o outro pode saber de si, ou melhor, é somente a partir da fala do outro que algo da verdade dele pode advir. Não sou propriamente eu que conheço o objeto e arbitro sobre o seu ser, mas algo opera entre o dizer que coloca uma nova face, por vezes perturbadora, na antes mais confortável díade moderna sujeito-objeto. Se a ciência cartesiana tem seus pilares levemente arranhados e, nesse mesmo movimento, se torna complexa, ela o deve, de certa forma, à coragem de uma mulher que soube afirmar seu discurso e escavar outro lugar a partir do qual incidir sobre seu próprio mistério. E, claro, a um homem perspicaz que soube ver que aquele era o momento de calar. Inaugura-se, assim, uma pedra angular da técnica propriamente psicanalítica – a escuta.

O que isso tem a ver (ou não) com cinema? Para além de analogias possíveis, em princípio, a relação que se estabelece é justamente a de "ver" um filme. Ninguém diz "vamos escutar um filme". Ao contrário, a cultura cifrou outra camada: assistir a um filme. Expressão tão banal, isto é, tão confortavelmente instalada em nossas mentes. No entanto, se cinema é, classicamente, *som e imagem*, por que destacar a imagem e o olhar que ela convoca? A tela do cinema é palco da projeção de sucessivas imagens que nos transportam para outros mundos, histórias e subjetividades. Como? Parece ser pelo caminho da magia da imagem que formamos a ilusão de outro mundo. O que nos interessa aqui é justamente aprofundar essa enigmática relação sujeito-cinema. Sujeito-imagem em aura e movimento.

Um dos primeiros teóricos do cinema, o húngaro Béla Balázs (*apud* Xavier, 2003), ressalta que na virada do século XX nasce uma "cultura visual" inédita: a retomada via cinema de uma sensibilidade ocultada com o advento da imprensa. Após centenas de anos imersos na primeira forma de massificação de informação, a escrita impressa, a revolução técnica, industrial e maquínica que foi o cinema – na linhagem da invenção da fixação da luz em uma molécula de prata –, a fotografia vem como néctar para as massas beberem. Em "as massas", leia-se todos nós da aldeia imagética global. Na esteira dessa visualidade, um segundo ponto se coloca, que Balázs nomeará como identificação: "a câmera carrega o espectador para dentro do filme". Como se fosse um baile em que todos dançam em conjunto, todos se olham, o espectador e os personagens. A câmera é um terceiro e ambíguo olho: participa do jogo, ao mesmo tempo em que é o elemento oculto. Cada vez que olhamos o filme com este olho emprestado, nos transformamos nos personagens e vivemos o que eles vivem, sentimos como eles sentem e nos provocam a sentir. Apaixono-me pelo mocinho com a mesma intensidade com que o odeio momentos depois, quando ele me despreza. Os personagens não precisam "contar o que sentem", fazer o relato literário daquilo que lhes vai pelo pensamento, exatamente porque nós, espectadores, vemos o que se passa na cena e aqui está o ponto: "vemos como eles veem". A passagem do ancestral ouvir um relato para ler o mundo a partir daquele olhar. Não é pouco como transformação na forma dominante de apreender o real e de se instaurar um paradigma estético. Eis o cinema e seu papel fundamental na "invenção da vida moderna", como cunharam dois pesquisadores americanos quase na virada para o XXI (Charney & Schwartz, 1995).

Outra maneira de ver a relação sujeito-filme pode ser delineada pela aproximação feita nos anos 1940, por Maurice Merleau-Ponty (1996), entre o cinema e a "nova psicologia" da Forma. Ele vai colocar esses dois universos como propiciadores de uma nova concepção do olhar. Cinema e Gestalt convidam a uma nova percepção do "homem-em-situação" e formatam o olhar como atividade dotada de sentido. O pano de fundo da discussão é, fundamentalmente, a matriz fenomenológica que embasa a *Fenomenologia da Percepção*, obra publicada na mesma época. Não entendemos nada de cinema se não compreendemos que é pela percepção que o capturamos: "*il se perçoit et ne se pense pas*". Ou seja, é esse mesmo o passo que nos é subliminarmente proposto ao ser oferecida uma decupagem de mundo via percepção imagética em movimento? Em última instância, não pensamento?

Pergunta a ser posta em suspensão. Seguindo o método, vejamos o outro lado da moeda. Merleau-Ponty retoma dois teóricos do cinema e acentua a ideia de interconexão, ou, seguindo o célebre princípio da Gestalt, o todo é maior do que a soma das partes. Remontando ao efeito Kuleshov e às primeiras experiências de Pudovkin, nos anos 1920, enuncia a clássica definição do filme não como uma soma de imagens, mas "uma forma temporal". Ele se faz a partir da ordenação específica entre a cena que vem antes e a que virá depois – a montagem. Se ela paraleliza, opera por elipse, sinapse, analogia, continuidade, já é outra discussão. O caso é que não deixa de ser indubitável o fato de que a trama de cenas, entre planos e sequências, dialoga com o antes e o depois, estruturas do encadeamento. Ao que completará Leenhardt, se conecta também a duração das cenas. Outra forma do eixo temporal se fazer presente: no interior de cada ajuntamento sintagmático há a dilatação ou o encurtamento do momento. Daí foi possível, também, desdobrar algumas afirmações levemente normativas: o riso se faz num corte mais curto, breve apresentação do objeto; a seriedade pede uma pausa maior; a dor demanda tempo alongado. Deixe a câmera ligada sobre algo, isto pode significar melancolia. Não se sente a espada rasgando a carne em dois engraçados segundos; não, é preciso o estático e a permanência.

E assim, pouco a pouco, uma linguagem propriamente cinematográfica é construída, no cinema e em nossas mentes. Uma linguagem e um mundo. Afinal, diz Leenhardt, há de fato um realismo fundamental no cinema, matéria que nos é apresentada diante dos olhos. Talvez o filme não se pense, mas sua gramática tem sido há décadas gestada e nosso olhar está sendo cada vez mais educado, formatado, assim como nosso sentir. O século XX talvez tenha realizado a tarefa silenciosa de nos ensinar a olhar e a operar com uma nova maneira de dizer. Se no início das sessões de Lumière, diz a lenda, nós podíamos sair correndo com medo daquele trem imagem-real que se aproximava, hoje não só lemos esse grande livro da imagem com certa desenvoltura como o escrevemos levianamente com nossos dispositivos móveis. E, um detalhe peculiar, é que o ilustramos com padrões emocionais gráficos e padronizados à "la emoticons e 9gag". Ou seja, a imagem nos dá a guia do que e quando sentir. Imagens que são hoje bem mais voláteis e não precisam de metal ou fixador: bastam cada vez mais leves e ágeis *gadgets* a converter intensidades de luz em ondas eletromagnéticas que serão, por sua vez, codificadas em uma série finita de números – eis o digital. Barateou a transmissão, talvez também a produção.

Está em jogo o aprofundamento do que Merleau-Ponty chamou de métrica. O medir, ajustar, fixar e também dilatar temporalidades; tempos, campos, símbolos e enquadramentos. Trabalha-se extensivamente nas linhas do plano, da posição de câmera, da montagem, da decupagem, isto é, da construção da materialidade do discurso tecido via imagens. A essa métrica visual ajunta-se uma métrica sonora, em que se alternam sons, ruídos, incidentais, silêncios e ainda uma gramática mais complexa no eixo dos diálogos e de como se perfaz a narrativa cinematográfica propriamente dita, também entremeada de diálogos e vazio. Junte a música e teremos vários tecidos a compor uma obra de arte total.

Enfim, em cinema há várias camadas de escolhas e decisões, a racionalidade técnica que se entrelaça com a afetiva, um saber fazer sobre a opacidade da película que faz milagre, risos e choro. E, neste ponto, o olho que aprendeu ver o filme projetado na tela encontra a "experiência cinema" e se deixa seduzir por ela, como um moderno canto da sereia. Cabe-nos, então, perguntar: uma efetiva escuta fílmica seria possível?

2.2 A outra cena

Não somente a estrutura fílmica entrou em foco na discussão sobre a experiência do cinema, mas também o espaço forjado para a imersão neste universo tanto factual quanto subjetivo. Dada sua própria natureza, projeção de luz sobre uma sequência de fotogramas, o cinema demanda o escuro. É uma cena inédita, moderna por excelência, possível a partir de uma conjuntura tecnológica específica – uma sala escura, película, projetor, som e luz – ao mesmo tempo que ancestral. Afinal, a caverna escura sempre nos seduziu (e nos aprisionou). As primeiras imagens, feitas para serem guardadas, e eventualmente louvadas, tiveram as paredes de uma caverna escura como suporte inicial. Animais, deuses e homens gravados nas paredes sendo iluminados por tochas de fogo – talvez a imagem da primeira forma de cinema. Ao menos a imagem que nos resta é a que criamos para visualizar a experiência primeva com a imagem alçada à categoria simbólica. Como diz Octave Mannoni (1990), desenha-se *outra cena*, como se fossem instauradas "realidades paralelas", uma cena materializada que se distingue de outra, irreal, delirante, criação pura. Estamos no domínio da complexidade do imaginário em junção com o aparato concreto que cria e reproduz a imagem em movimento.

Um dos primeiros estudos a interrogar a experiência cinematográfica mais de perto, num nível explicitamente psicológico, foi o de Hugo Münsterberg, em 1916 – *The photoplay: a psychological study*. O título já diz a que veio: *photoplay* remete a fotodrama, que etimologicamente busca dizer da "ação na luz", dramaturgia via luz. Münsterberg, psicólogo alemão, abordou o processo de percepção e recepção do filme analisando os procedimentos da então nova linguagem a fim de obter esses efeitos. Primeiro ponto a se levar em consideração é que, embora tenha sido um dos francos opositores da teoria freudiana do aparelho psíquico, opera uma distinção entre a atenção voluntária, própria da consciência, e a atenção involuntária, canal de recepção privilegiado de toda uma gama de estímulos advindos dessa mais recente montagem estética. Ancorando-se ou não no conceito de inconsciente, parece ponto pacífico o fato de que o assistir a um filme reverbera inequivocamente sobre o psíquico. Por onde isto se dá? As diferentes profundidades, câmeras e lentes aproximam ou afastam o espectador de seu objeto, situando-o em espaços mais abertos ou mais fechados, colocando seu olho em close ou em distanciamento. Diferentemente do teatro, em que a distância do espectador à cena se mantém fixa – o corpo é colado à poltrona, enquanto seu olho passeia livremente pelo palco –, no cinema, por meio da câmera, mesmo o corpo estando fixado, o espectador, através de seu olho, é levado para dentro ou fora da ação, espécie de marionete conduzida pelo diretor de cena e embalada ao ritmo da montagem. Nesse jogo é que opera a narração cinematográfica, em estreita relação com o funcionamento mental do sujeito condenado a criar conexões e sentido. Vai-se construindo, assim, a aprendizagem da colagem *frame a frame* que formatará a "continuidade narrativa". Daí Münsterberg pode afirmar que "o cinema obedece às leis da mente, não às do mundo exterior" (Münsterberg, *apud* Xavier, 2003, p.11).

Dado que o formato filme (ficcional, publicitário, documental, televisivo ou de internet) tornou-se onipresente para nossa percepção, estaríamos, então, num processo imaginariamente crescente de ancoragem em formas de representação cada vez mais próximas aos mecanismos de nosso próprio mundo psíquico? Das antiquíssimas música e dança, passando pelas pinturas rupestres, estaríamos buscando desenhar, juntamente com o mundo que nos rodeia, o próprio universo mental? O cinema é relativamente recente como realização técnica, mas talvez responda a um anseio humano bem antigo de dar forma ao seu funcionamento mental – e justamente naquilo que ele tem de mais indecifrável, nosso cinema particular diário. A cada noite, operários em nossos cérebros, somos uma fábrica de sonho. Aqui o cinema abriu-se a um território inesgotável, marcadamente onírico, como o do surrealismo, do expressionismo alemão ou da produção de um realizador-teórico como Jean Epstein e seu cinema sonho-poesia.

Tal junção sonho-cinema será amplamente desenvolvida por Hugo Mauerhofer, que o fará de forma explícita. Ele encaminha a reflexão para uma espécie de ontologia da experiência cinematográfica, nomeando a configuração subjetiva diferenciada na qual o espectador mergulha como *situação-cinema*. Um novo estatuto de consciência vem à tona, dada a própria estrutura artificialmente forjada nessa situação, ancorada na tríade de elementos que retira o sujeito da realidade externa. A sala escura, *locus* de refúgio imaginário, favorece, em primeiro lugar, uma situação temporária de isolamento do mundo exterior e da carga de estímulos que daí advém. As salas devem ser dotadas de um potente sistema de isolamento acústico para estar à altura de tal tarefa. Mas a realidade parece carregar um visgo invasivo e muitas vezes a premissa basal é quebrada: pessoas conversam durante o filme, sugam seus canudos, falam no celular ou mastigam suas pipocas naquele *crac-crac* absolutamente matador da situação-cinema. Eu quero sair do mundo, eu quero entrar no filme. Além da sala isolada, há a poltrona, lugar que nos é proposto para passar, imóveis, cerca de duas horas ininterruptas, com o corpo em uma posição relativamente estável, incomum, cortado do fio do movimento que habitualmente lhe anima. Aconchego do corpo que poderia remontar, imaginariamente, ao ventre ou colo materno que segura um ser apartado do mundo, mas pronto a receber, paradoxalmente, uma grande dose de realidade externa na veia, via filme. Mas atenção: é uma realidade ficcional veiculada pela imagem, ou seja, falsa. Isto é, psiquicamente, estamos em situação de perda dos referenciais habituais de tempo, espaço e causalidade que formatam a consciência. Migramos para o reino do atemporal, "aespacial" e "acausal", que caracteriza o inconsciente em termos freudianos? Sim e não. De qualquer maneira, entregamo-nos de boa vontade a outro estatuto psíquico, que não é consciência nem vigília, nem razão nem fantasia. Trata-se de um *topos* híbrido entre sonho e mundo real. Neste sentido, fica mais complexa a questão de saber qual escuta pode ser gestada a partir desse lugar.

Explicitando: se sonho é uma espécie de cinema interior do sonhador e se a sala escura passa a operar como uma caixa preta aumentada, envolvendo o corpo sensível, intencional e cognoscente, em que medida essa experiência cinematográfica poderia propiciar um deslocamento de uma posição de regressão, entorpecimento e doce aconchego? Fissurar formatações estáveis de si mesmo e do elo *medusístico* com o outro não seria condição necessária para que algo da ordem da leitura, ou seja, da escuta propriamente dita, possa advir?

Vilém Flusser, na *Filosofia da caixa preta*, interessado em situar o estatuto da recepção, discute a diferença entre a magia das imagens tradicionais e a das imagens técnicas:

> *TV e cinema não se colocam ao mesmo nível histórico e ontológico do homem da caverna ou dos etruscos. A nova magia não precede, mas sucede à consciência histórica, conceitual, "desmagicizante". A nova magia não visa mo-*

> *dificar o mundo lá fora, como o faz a pré-história, mas os nossos conceitos em relação ao mundo. É magia de segunda ordem: feitiço abstrato* (Flusser, 1985. p.11).

Seu diagnóstico é contundente: vivemos imersos na mais plena "magia imaginística", basta olhar nosso entorno. Daí a urgência, diz ele, de seu projeto filosófico.

Uma coisa a psicanálise nos deu: a ideia de que o momento da colagem com o desfile imaginário envolto em luz e apagamento do mundo é, ao mesmo tempo, esquecimento do eu e – paradoxo estrutural – mergulho em conteúdos muito próprios, viscerais e reais. Aquele que se coloca diante da película vive a vida dos personagens ao mesmo tempo em que a sua mesma, profundamente, chora, grita e teme. Em êxtase, o coração bate, o cérebro se confunde. O aparato neuronal, por momentos, parece deixar em suspensão seu ajuizamento contínuo sobre o estado do corpo que o envolve. Suspensão do juízo, identificação radical e feitiço abstrato.

Há, porém, controvérsias interpretativas quanto à natureza da outra cena que se constrói na situação-cinema. Importante teórico atuante na confluência cinema-psicanálise, Christian Metz traz Saussure e Lacan para estudar o cinema como significante privilegiado no domínio do imaginário, formador e alimentador de almas. O filme não deixa de ter uma organização mais lógica que a do sonho e sobre a qual se tem mais controle. Por um lado, sim, mas por outro, naquele exato segundo em que o coração dispara de medo e o sistema nervoso simpático lança uma descarga adrenérgica num amplo conjunto de moléculas, sem dúvida não temos controle algum desta reação em cadeia e mesmo a fronteira entre real e imaginário se contrasta. O ponto é que desejo viver esse perigo dessa maneira. Desejo brincar de medo. É este um impulso basal que moveria o sujeito em direção à experiência do cinema?

Conhecemos as primeiras críticas aos filmes como pobres "cópias degeneradas" do real, seguindo o ancestral platonismo que nos acompanha até hoje, *mimesis* de segunda linha. Lembremo-

-nos que também Freud tinha ressalvas à nova técnica. Recusou uma pequena fortuna para participar de um filme sobre o amor produzido por Samuel Goldwyn. Logo na sequência, recusou novamente colocar sua colher nessa seara, tendo, até mesmo, entrado em conflito com Abraham e, sobretudo, Sachs – eles acabaram por colaborar com o cineasta austríaco Georg Wilhelm Pabst, que fazia um filme sobre a psicanálise. Afinal, diria Freud, as imagens plásticas "jamais poderiam dar conta de forma séria das abstrações da psicanálise". Talvez Freud não colocasse a imagem no mesmo nível de possibilidade metafórica e abstrata da linguagem verbal (platonismo residual?); talvez não tivesse o desejo de ver pasteurizados seus conceitos para a massa, numa antecipação da lógica do espetáculo; talvez tivesse questões pessoais com o campo do olhar. O caso é que se formaliza a primeira relação factual entre cinema e psicanálise: Pabst lança *Segredos de uma alma* em 1926; e John Huston, o sucesso *Freud – além da alma*, em 1962, sobre o jovem neurologista que acaba por desvendar os segredos da alma, sua e de alguns pacientes. No meio tempo e até hoje, esse campo entrelaçado (cinema e psicanálise) não deixou de se alargar. A "outra cena" busca reproduzir o feitiço de nossa própria intimidade.

Em seus estudos antropológico-sociológicos do universo cinematográfico, Edgar Morin, aproximando magia, sonho e imaginário, busca a matriz de nossa submissão à cena-imagem. Talvez tenha cunhado uma das abordagens mais interessantes para capturar a "participação afetiva" do espectador que se dá a partir de um processo de projeção-identificação. Processo de mão dupla em que o sujeito projeta sua história, memória, vivências, corporeidade, porções conhecidas e desconhecidas sobre a película e seus atores moventes, sobretudo sobre seus conflitos e, ao fazê-lo, recebe dialeticamente esse núcleo encenado como possível representação de seu mais íntimo estatuto de ser. Extimidade. Identifica-se com o outro, ao mesmo tempo em que recebe o cerne do outro em si, e sequestra-o. Precisamente neste ponto encontramos a ideia de imagem especular.

2.3 O espelho

Desde os anos 1930, Lacan se vê às voltas com o imaginário e o processo de formação do "Eu" – ele trabalha este registro até o final de sua obra, entre nós e esquemas óticos. Assim como Freud, Lacan desconfia da imagem e concede-lhe um papel central. No *Estádio do espelho* está em jogo o entrelaçamento entre a alienação e o encantamento perante uma imagem do Eu que se revelaria inteira, una e circular. O pequeno mamífero em formação, prenhe de prematuração e desamparo, no real da experiência com seu corpo – de fato, tão desarticulado e fora de controle –, não pode deixar de se fascinar com uma imagem de si que lhe desvela uma unidade ilusória. É somente assim, a partir da imagem de si e da voz do outro que o nomeia, que a criança pode passar a assumir um domínio que de fato não tem, mas que paradoxalmente aí se funda. Ao mesmo tempo, equívoco e estruturação, a ideia de Eu e de outra Imagem, no Espelho, nos enganam e nos ajudam. Daí advêm algumas consequências: o lugar de alienação basal do Eu no outro da imagem; a submissão ao registro por vezes autoritário da imagem; a necessária distância instransponível entre o Eu e seus ideais e, não menos importante, o esvaziamento do Eu como um *topos* ligado à substância. "Fazer-se com o outro": já realizamos essa dependência inevitável desde o embate hegeliano das consciências, passando pelo *Mitsein* heideggeriano e, agora, com o espelho-outro-imagem. A maneira de situar o narcisismo freudiano e a base do processo de formação do Eu que não poderia deixar de atingir diretamente o cerne da experiência do sujeito diante do filme. Imaginário, engodo, encantamento e identificação.

A câmera e o próprio aparato técnico do filmar e projetar trabalham com uma camada contínua do ver – inaugurando, assim, uma ordem de visibilidade imaginariamente completa, em que se faz impossível o registro do vazio. Sempre se vê, mesmo que com a tela preta. Parece não haver registro possível de ausência, pois ela mesma se faz corporificação de sua passagem ou índice de algo que não foi e poderia ter sido. Preenchimento inevitável. Neste sentido, ver um filme apazigua, ver qualquer filme também apazigua.

E aqui se abre o espectro para mais uma faixa nessa frequência: a construção da ficção de um "todo-ver" propicia o deleite de nossas pulsões voyeuristas mais arcaicas, campo do escópico a se infiltrar entre tragédias e dramas narrados. Isto se dá, sobretudo, a partir da montagem clássica, que opera, quase sempre, com o ocultamento do operador-câmera, criando a ilusão de um sujeito que pode tudo conceber e admirar. Como deus, o espectador tudo vê e não é visto, oculto por detrás da grande tela branca que o salvaguarda da realidade. O filme se revela como espelho, em que o espectador se vê protegido como um eu coerente e onipotente, uma ilusão derivada do processo especular reatualizado pela identificação primária do espectador com a câmera. Mas nem tudo se passa tão bem assim. A posição do espectador, malgrado todos os esforços da pretendida "interatividade", é de passividade basal e absoluta impotência no andamento da ação e do filme. Além do fato de o filme e, prioritariamente, sua estrutura de funcionamento, como quase qualquer obra, chegar pronto ao receptor. Decidir o vencedor do *Big Brother*? Participar obedientemente de um jogo, talvez este simulacro seja o limite de "interação com a realidade" que nos é concedido. A questão insiste: até que ponto esse mecanismo de pregnância imagética não oferece às nossas mentes, mais que tudo, circuito ideológico?

E, aqui, retomamos Flusser e a necessidade de se fundar uma filosofia (futura) da fotografia, por ele colocada como marco de uma mudança de paradigma de tal envergadura que se compara à invenção da escrita. De fato, com a fotografia, de forma inédita na história, a captação de uma imagem do mundo exterior se dá sem a intervenção de um gesto humano. O homem gesta a ferramenta, a máquina, mas no instante pontual da captação da imagem, ela se forma por uma engrenagem físico-química. O dedo do homem aperta o disparador do processo. Cabe a André Bazin precisar, em seu canônico *O que é o cinema?* (*Qu'est-ce que le cinéma?*, 1975), se todas as artes foram fundadas com base na presença do homem, com a fotografia algo se faz a partir de sua ausência. Inúmeros trabalhos buscam afinar a leitura desse maquinário. No entanto, cada vez somos mais conscientes de todo o maquinário subjetivo que arquiteta as condições de realização desse outro modo de operar.

Neste ponto, estamos no âmago da questão intrincada da relação entre camadas de significação, ou em termos mais precisos, do entrelaçamento RSI a partir de um nó topológico específico. Real, simbólico e imaginário que se interpenetram de forma irregular e criam um novo estatuto do ser em jogo no cinema. Não é por menos que, buscando tocar na questão do resto da presença do real na imagem, Bazin e vários outros na sua esteira se colocam na posição de elaborar uma ontologia do cinema e da imagem fotográfica. Ela traz em seu ventre um fator psicológico basal: a crença do espectador na fidedignidade da imagem obtida mecânica e, portanto, cientificamente. Tocamos no coração da fé moderna. Isto é, o cinema reitera e apoia-se em uma crença na ciência como índice garantidor de verdade. Quando algo escapa desse enquadramento, censura. Como o sonho, o cinema também opera com a censura, o corte, o que fica de fora; ficamos entre o campo, o contracampo e o fora do campo. Entre o silêncio e o símbolo – parte fundamental da imagem como linguagem e metáfora –, ambos constroem seus encadeamentos. Os dois operam por representações de pontos críticos da cultura, do psíquico e da condição humana: sexualidade e morte. Reproduzir-se e morrer. Assim, ir ao cinema é "fuga voluntária da realidade", ao mesmo tempo em que é introjeção suave e lenta dos paradigmas maiores que a sustentam contemporaneamente. Se o ver e o repetir parecem onipresentes, como forjar a brecha na qual uma escuta se faça possível e algo da ordem do sujeito possa advir?

O pensamento pós-anos 1970, sob influência declarada de Lacan, não parece muito otimista. Se Mauerhofer já colocava a situação-cinema como engrenagem aliciadora e alienante a nos confortar, agora, para melhor nos adaptar à submissão de amanhã de manhã, Baudry é enfático. Para além de uma crítica ao "aparelho de base" formado pelo fio *tecnoideológico* câmera-projetor-tela, fomentador de uma reiteração do par coisa-imagem, inevitavelmente reacionário, ele coloca exatamente nessa alienação idealista fundante o lugar da consciência ocidental moderna desde René Descartes. E ainda o cinema nos forneceria a tão grata ilusão de agenciamento. Agente-paciente-reagenciamento imaginário: o circuito em *looping*?

Não somente a consciência e suas cisões estruturantes foram para a berlinda. Laura Mulvey, em um ensaio canônico, fará a crítica da posição patriarcal na qual estamos mais metidos do que imaginávamos. O cinema – talvez tanto quanto sua herdeira nesse aspecto, a publicidade – reitera o quadrângulo sujeito-masculino, objeto-feminino. Sujeito, atividade, macho; objeto, assujeitamento, passividade, fêmea. A experiência do cinema opera com base em uma dupla identificação: a primária, com a câmera; e a secundária, com o personagem, normalmente masculino. Nesse sentido, o sujeito se cola em uma identificação patriarcal e sua sensação de poder, como espectador, é masculina. Daí decorre que a posição do espectador seria estruturalmente masculina.

A "instituição-cinema" estava e permanece sólida. Há, além disso, um estilo dominante, que opera por uma produção industrializada e um código rigidamente estruturado, espalhado e internalizado. Na ponta final do processo, a mídia, de mãos dadas com a crítica, legitima e finaliza o método de consumo de entretenimento, que, de fato, não se finaliza com o ato de assistir ao filme, mas segue além, no consumo de produtos e marcas atreladas e suas construções simbólicas – caderno, lápis, prato, mochila, copo, roupa, brinquedo, *game*, gente revestida de personagem. Hoje, no século XXI, ninguém mais duvida disso: a receita de um filme vem aproximadamente 30% da bilheteria e 70% de todo esse múltiplo arsenal. Isto sem falar das relações cada vez mais retroalimentantes entre as indústrias do cinema, da televisão, da internet e dos *games*.

Enfim, cinema é ilusão da pior espécie. É isto? Como anuncia Pierre-Félix Guattari, o cinema teria se transformado numa "gigantesca máquina de controlar a libido social". Enfim, humano esmagado pelo sistema, pelas engrenagens, envolto no concretismo da luz e sua produção, abduzido pelo refúgio no cinema, no sonho, na sutil presença do engano. Fantasia do acolhimento no espelho? Aconchego que se desejaria ter existido e paraíso imaginário ao qual se poderia retornar. Parece estar aí nosso suplício prometeico, ao qual não deixamos de retornar.

2.4 Atravessamento

Parece haver um consenso tácito entre a crítica de que estamos aprisionados, fascinados e obedientes à magia da imagem de que, maciçamente, desfrutamos. Tudo conspira a favor, inclusive. No entanto, diferentes apropriações dessa carga psíquica brilhante são possíveis. Poderíamos nomear um lugar de uma possível implicação subjetiva diante dessa materialidade e uma postura menos assujeitada frente a esse pântano?

A qualidade da imagem faz diferença, mas por si só não é suficiente para se desenhar um novo posicionamento, mas dialetiza com ele. Um determinado tipo de cinema tende a condicionar o estreitamento do olhar e a representação do mesmo, *again and again*, como se a mesma configuração dramatúrgica se oferecesse a cada vez. Assistir ao mesmo filme sob diversas roupagens e ter prazer com isto: qual criança não gosta de repetir a brincadeira à exaustão? No entanto, não somente a natureza mais ou menos *mainstream* do objeto filme condiciona esse olhar.

Uma camada simbólico-verbal pode sobrepor ao véu da imagem. A palavra pode se misturar à imagem, ao mesmo tempo em que a limita, castra. Palavra necessária, que devemos ler. Em primeiro lugar, as palavras de inúmeros realizadores e pensadores de cinema e de cultura que podem vir a injetar gotas de outro olhar e, propriamente, outra escuta da vasta produção audiovisual. De Münsterberg a Žižek, da reflexão sobre o processo psicológico em jogo no cinema à crítica do "front ideológico" industrial no qual se transformou Hollywood, passando pelas antologias e textos inauguradores, o universo da reflexão sobre o cinema pode impulsionar um deslocamento do olhar. A leitura é uma das grandes vias da transformação possível da consciência e, mais além, do sujeito.

Leitura que, por vezes, também nos conduz à viagem, refletindo o que se passa na experiência cinematográfica em se deixar levar pelo filme. Nem consciente nem propriamente inconsciente, o cinema é borda. Como diria Deleuze, situamo-nos em outro território, *bordure*, limite entre. Tanto no tempo como no espaço: nem dentro, nem fora; nem realidade, nem ficção; nem passado, nem presente. E a borda pode ser o espaço inescapável de desequilíbrio, potencialização de outra maneira de sentir e, quem sabe, de sublimar e de pensar.

A experiência do cinema é, por si mesma, coletiva: seja respirando na mesma sala, seja compartilhando o filme virtualmente em telas e redes sociais. Talvez pelo próprio coletivo da recepção – mais que um livro, pela individualidade da fruição; mais que um concerto ou uma exposição, pelo não verbal –, o filme mobiliza algo que fala. Sair do cinema e comentar o filme, um clássico.

Talvez um herdeiro direto desse mecanismo seja um fenômeno que vem acontecendo nos últimos tempos: a formação de diversos estilos de agrupamentos, mais ou menos fixos, para debater filmes. É algo que se tem feito em todo o mundo, e em diversas cidades do

Brasil, das menores às maiores, nos mais diferentes espaços. Nesse tipo de "pós-experiência cinema", os sujeitos se oferecem como palco para a continuidade das reverberações que o filme produz e se implicam como espectadores e, no reverso da posição, falantes daquele fenômeno específico. O filme diz, o sujeito diz.

O cinema, na herança de tradições ancestrais que ainda não deciframos muito bem, ocupa uma camada de mestria xamânica ou sacerdotal, servindo de vestimenta aos mitos específicos que embalam as verdades em jogo em determinada civilização. Neste sentido, o poder pensar e o poder criar são os efeitos laterais, por vezes surpreendentes, do processo que buscaria nos sedimentar na repetição. Quando a repetição pode vir a ser inoculada, o veneno vira cura. *Sinthoma* perde sua carga de envenenamento puro e talvez, letra solta, propicie espaço de uma nova forma de ver. Winnicott oferece uma imagem inédita quando coloca a matriz da criação, em última instância, no espaço potencial entre eu e outro, infante e ambiente. Espaço a partir do qual se gestam os fenômenos transicionais e, em sua herança, a capacidade criadora em semente no brincar. Espaço ambíguo em que não se trata nem da realidade interna subjetiva nem da realidade externa compartilhada, nem eu, nem não eu. Numa sessão de análise – esta atividade sofisticada do brincar no contemporâneo –, esse jogo se faz no escolher as palavras, as inflexões de voz, no molde das *personas* em atuação, no senso de humor (cf. Winnicott, 1971), enfim, capacidade de imaginar, forjar e subverter. É neste campo híbrido que também o cinema seduz e aliena, ao mesmo tempo em que é somente aí que algo de novo pode se gestar.

Outra escuta, outro sujeito, outro filme. Outro cinema criaria uma diferente maneira de dizer, de ser e de se relacionar? Esbarramos na antiga e difícil questão do poder da arte em transformar o homem. Ou, dito de outra maneira, outro objeto mudaria a posição do sujeito? Sim e não. Sim, na medida em que uma densidade subjetiva sempre se constrói a partir de outro; e certo estilo de cinema, de telenovela, de discurso publicitário tende a nos moldar exatamente como se supõe que devamos ser e desejar. Assim, outra qualidade de discurso cinematográfico pode vir a surpreender e expor a fissura de uma ordenação coesa e imaginária. Algo que é da ordem da interpretação, ao mesmo tempo confirmação e fissura. Mas assim como a interpretação só existe no bom momento, preciso, também a *outra imagem* só pode ser olhada, e propriamente escutada, na medida em que outra posição subjetiva está em gestação. Dialética inexorável? Sim. Cinema e debate sobre ele como projeto político? Talvez. Mas na medida em que a vida é sempre política, saibamos ou não.

Para fechar, um retorno ao início. Há um descompasso estrutural antigo entre filme e sujeito, entre sujeito e objeto. Às vezes, o filme está mais além do sujeito e quase nada lhe diz, a não ser o que os jornais, revistas, amigos ou demais elementos das redes sociais lhe dizem o que pensar para preencher o vazio de um sentir. Outras vezes, o filme ficou aquém, e seu protesto é tão óbvio, ou sua questão já tão ultrapassada pelo sujeito, que lhe parece anódino. Como se o embate existencial de um jogo de xadrez com a morte já não lhe emocionasse tanto quanto as insistentes bordoadas de sua cabeça contra a parede. Depende do ponto nevrálgico de um processo, mais ou menos analítico, que está sendo elaborado subjetivamente. Filme e sujeito por vezes não se encontram, pois o núcleo vivo que pulsa na obra se deslocou para um lugar em que o núcleo sintomático não ecoa. E, algumas vezes, o filme é algo mais que assunto, continuidade ou embotamento, pois diz alguma coisa que corta. Uma cena, um personagem, algo que na enunciação inédita de significantes mestres em seu lugar preciso carrega um dizer de verdade, irmã de gozo. Aquela junção que não é da ordem do bombardeio das imagens irrelevantes do cotidiano. Algo escapa e se faz dizer, meia-verdade, mas, ainda assim, verdade em algum ponto que toca. Onde escutar, quando acontece, pode vir a reescrever sua própria história.

Referências bibliográficas

BAZIN, A. *Qu'est-ce que le cinéma?* Paris: Le Cerf, 1975.

CHARNEY, L.; SCHWARTZ, V. R. (Orgs.). *Cinema and the invention of modern life*. Berkeley: Univ. of California Press, 1995.

DELEUZE, G. *Cinéma 1*: L'image-mouvement. Paris: Minuit, 1983.

EPSTEIN, J. *Ecrits sur le cinéma*. Paris: Seghers, 1975. 2 v.

FLUSSER, V. *Filosofia da caixa preta*. São Paulo: Hucitec, 1985.

FREUD, S. A interpretação dos sonhos. In: *Edição standard brasileira das obras completas de Sigmund Freud*. Rio de Janeiro: Imago, 1969. 4, 5 v.

LACAN, J. *Écrits*. Paris: Seuil, 1966.

MANNONI, O. *Clef pour l'imaginaire*: ou L'autre scène. Paris: Seuil, 1990.

MERLEAU-PONTY, M. Le cinéma et la nouvelle psychologie. In: *Sens et non-sens*. Paris: Gallimard, 1996.

METZ, C. *Le signifiant imaginaire*: Psychanalyse et cinéma. Paris: UGE, 1977.

MORIN, E. *Le cinéma ou l'homme imaginaire*. Paris: Minuit, 1956.

MULVEY, L. *Visual and other pleasures*. Bloomington: Indiana University Press, 1989.

WINNICOTT, D. W. *Playing and reality*. Londres: Routledge, 1999.

XAVIER, I. (org.). *A experiência do cinema*. Rio de Janeiro: Graal, 2003.

ŽIŽEK, S. *Lacrimae rerum*. São Paulo: Boitempo, 2009.

3. Era uma vez uma voz

FABIO CAMARNEIRO

Professor do curso de Audiovisual da Universidade Federal do Espírito Santo – UFES. Doutorando no programa Meios e Processos Audiovisuais da Escola de Comunicação e Artes (ECA – USP). É mestre pela mesma instituição, além de roteirista, crítico de cinema e realizador. Publicou textos no livro *Os filmes que sonhamos* (organização de Frederico Machado), em catálogos dedicados aos diretores Antônio Calmon, Hector Babenco e Guy Maddin, nos jornais *Folha de São Paulo*, *Valor Econômico* e *Gazeta*. É redator chefe da revista on-line *Cinética*.

A proposta deste breve artigo é aproximar o cinema e a psicanálise a partir da performance da voz como elemento privilegiado na elaboração de um "personagem" (como define o cinema) ou de um "sujeito" (como define a psicanálise). Em primeiro lugar, tentaremos esboçar uma sumária recapitulação de alguns eventos da história do som no cinema. Nesse sentido, um ano recorrentemente citado é 1927. Trata-se do momento, amplamente reconhecido, do "surgimento" do cinema falado. Com o sucesso de *O cantor de jazz* (dirigido por Alan Crosland e estrelado pelo cantor Al Jolson), torna-se irreversível o processo que determinaria o cinema falado como modelo dominante. Porém, ao observarmos mais detidamente os fatos, as questões relacionadas a essa transição se tornam um pouco mais complicadas do que podem parecer à primeira vista.

Durante toda a década de 1920, existia uma preocupação em praticamente todas as principais empresas da indústria cinematográfica estadunidense para se avaliar as possibilidades técnicas e econômicas da implementação da sincronia entre imagem e som nos filmes. Afinal, o que chamamos de "cinema falado" nada mais que a "sincronização" de dois fenômenos anteriormente gravados, o visual e o sonoro, durante a projeção. O cinema, muitos já o disseram, jamais foi "mudo" (da expressão francesa *cinéma muet*) ou "silencioso" (conforme a expressão inglesa *silent cinema*). Mesmo antes de 1927, o acompanhamento musical era uma constante nas salas de exibição – desde as orquestras para as grandes salas das cidades centrais até o solitário pianista (por vezes também sonoplasta improvisado) das pequenas praças.

Tecnicamente, vários experimentos demonstravam a possibilidade de realização de filmes falados, mas financeiramente, tudo ainda parecia incerto. "Foi apenas com *O cantor de Jazz* que um estúdio (Warner Bros.) resolveu investir na aposta de que os filmes com som sincrônico poderiam ser economicamente viáveis – ou seja, altamente rentáveis, capazes de recuperar os enormes investimentos envolvidos": novos equipamentos precisariam ser utilizados nas gravações dos filmes, uma nova "gramática" cinematográfica precisaria ser desenvolvida, as salas de exibição precisariam ser equipadas com alto-falantes. Tudo isto fez com que o investimento da Warner Bros., mesmo que amparado em um cálculo bem estudado, fosse arriscado. Porém, o sucesso de Al Jolson cantando em *My mammy* ou *Blue skies* fez com que a situação se invertesse e os demais estúdios precisaram correr para garantir seu espaço na era dos *talkies*[1].

Nunca é demais lembrar que o som foi um abalo na indústria do cinema, o maior até hoje. À época, vários cineastas – dos quais Charles Chaplin e René Clair talvez sejam os mais notórios – estavam preocupados se o uso de falas não comprometeria a soberania das imagens como centro da linguagem cinematográfica. Hoje, o debate pode parecer bizantino, mas devemos nos lembrar que as câmeras do cinema falado eram muito mais pesadas que as do mudo. Logo, sua movimentação era limitada. Além disso, precisavam estar isoladas acusticamente do espaço da encenação (ou o próprio som do motor da câmera poderia invadir os diálogos dos personagens). Em menor escala, mas também importante, é o fato de que a disposição dos microfones no cenário poderia limitar em alguma medida a movimentação dos atores.

---

1 Dentre os filmes que dramatizam esse período, destacam-se *Cantando na chuva* (*Singin' in the rain*, Stanley Donen; Gene Kelly, 1952) e *O artista* (*The artist*, Michel Hazanavicius, 2011). Em ambos, as tensões do período são vistas por um viés conciliador. Em *Crepúsculo dos deuses* (*Sunset blvd.*, Billy Wilder, 1950), apesar da trama não explorar diretamente o surgimento do cinema falado, temos na figura da atriz decadente Norma Desmond os efeitos negativos desse processo. Vários livros trataram do assunto, dos quais destacamos, para uma visão panorâmica, *The talkies:* american cinema's transition to sound, 1926-1931, *de Donald Crafton.*

Ou seja: a chegada do cinema falado representou um relativo engessamento de uma linguagem que, até então, se baseava apenas em sua visualidade. Os movimentos de câmera se restringiram e, em compensação, os diálogos começaram a ter o privilégio de transmitir informações relevantes da trama à plateia, o que fez com que a função do roteirista ganhasse importância inédita até então. Certa "teatralidade" foi uma das marcas do cinema dos anos 1930 e, apenas duas décadas mais tarde, o surgimento de câmeras mais leves e sistemas de gravação de som portáteis (como o Nagra) possibilitou novamente que as câmeras pudessem se mover de maneira mais livre com o registro do som direto.

Esse breve resumo nos faz perceber que, desde a década de 1930, houve um movimento de reconstrução da linguagem do cinema que, se durante um período parece deixar de lado a inventividade dos movimentos de câmera, também não realiza uma pesquisa estética com o som, mesmo que diversos cineastas apontem caminhos neste sentido. Ou seja, os *talkies* limitaram os movimentos de câmera e, por muitas décadas, não necessariamente trouxeram um pensamento sobre a construção sonora que escapasse ao naturalismo e à narratividade. Podemos concluir que o ano de 1927 marca o início de um cinema, que não é o da imagem, mas também não é o do som. Trata-se de um cinema do verbo, da palavra falada.

Poderíamos, nesse sentido, lembrar a publicidade de um dos primeiros filmes falados: *Garbo talks!* A novidade não está no som, nos ruídos ou na música, mas na voz. Em um de seus trabalhos mais conhecidos, *La voix aux cinéma*, publicado em 1982, Michel Chion trabalha com questões relacionadas à voz no cinema. Ele fala de uma "centralidade" da voz na banda sonora de um filme. O autor traça um paralelo com uma frase de Alfred Hitchcock: em certa entrevista, o diretor inglês diz que pensa na composição do quadro cinematográfico a partir dos rostos dos atores. Como este seria o primeiro ponto para onde se dirigiria o olhar do espectador, Hitchcock dispõe os outros elementos presentes na imagem em relação ao rosto. Chion pensa que, de maneira similar, todos os demais elementos sonoros – música, ruídos, efeitos – ficariam em segundo plano em relação à voz. Existiria, no cinema, um "vococentrismo"[2].

O trabalho de Chion reflete um interesse cada vez mais presente nos estudos de cinema, ao menos desde os anos 1980, sobre o problema do som. Ao pensarmos especificamente sobre a voz, torna-se possível uma articulação com a psicanálise, método também conhecido pela expressão de Sigmund Freud, a "cura pela fala".

A última questão que gostaríamos de levantar nesta introdução diz respeito à prática da dublagem, quando a voz que ouvimos na tela, sincronizada ao movimento labial do ator, é, na verdade, a voz de outro. Prática muito comum em cinemas de todo o mundo, é uma característica fortemente associada ao cinema italiano. Uma cena em *A noite americana*, de François Truffaut, mostra que os cineastas franceses, desde a *nouvelle vague*, preferem o som direto, diferentemente dos italianos. Em cena do filme, a atriz interpretada por Valentina Cortese pergunta se pode, durante uma filmagem, inventar falas aleatoriamente para sua voz ser posteriormente dublada. O diretor do filme dentro do filme (interpretado pelo próprio Truffaut) responde que não, que na França é preciso falar ao microfone.

Quem fala quando a voz é de outro? Existiria, portanto, um corpo que tenta encontrar uma voz ao mesmo tempo em que uma voz tenta se adaptar a um corpo: uma cisão entre quem fala e o corpo que fala (além de outra cisão possível, entre aquilo que é dito e o corpo que fala). Uma experiência radical neste sentido está em *Deus e o diabo na terra do sol*, que narra a jornada do vaqueiro Manuel, que primeiro se envolve com o messianismo do Santo Sebastião, depois com a violência do cangaço, representa-

---

2 CHION, Michel. *The voice in cinema*. Tradução de Claudia Gorbman. New York: Columbia University Press, 1999. p.5-6.

da por Corisco. Os dois personagens (Sebastião e Corisco), que também representam duas opções de Manuel, foram dublados pelo mesmo ator, Othon Bastos, também intérprete de Corisco. Mesmo que "deus" e "o diabo" possam diferir na aparência, eles se assemelham na voz.

3.1 O exemplo de Eduardo Coutinho

Em alguns de seus mais recentes trabalhos, o cineasta Eduardo Coutinho dedica-se a registrar, antes de mais nada, a "fala" de seus personagens. Para abordarmos um pouco dessa característica, podemos dividir sua obra durante a última década em dois grupos: alguns filmes mais ligados a uma preocupação de cunho "antropológico" e outros mais ligados a uma elaboração "teatral" ou "performática". Do primeiro grupo, fariam parte *Edifício Master* (2002), *Peões* (2004) e *O fim e o princípio* (2006).

Em *Edifício Master*, Coutinho se aproxima de moradores de um edifício residencial em Copacabana, cidade do Rio de Janeiro. Sua câmera se interessa, em primeiro lugar, pela fala, que é registrada de maneira bem precisa: quando um de seus entrevistados diz alguma coisa, são deixados de lado os detalhes, o cenário, o entorno, gestos do personagem etc. Toda a atenção está no corpo de quem fala, filmado normalmente em plano médio (corte na cintura) ou primeiro plano (corte na altura do peito): uma pessoa e sua fala, apenas isto. Na montagem, o traço marcante é a ausência de qualquer outra imagem sobre essa fala, abrindo mão do recurso de outra imagem que serve para "ilustrar" algo anteriormente referido no discurso verbal. Quando uma mulher cita algumas fotografias que ela guarda em um cômodo da casa, não temos acesso a essas imagens. Para Coutinho, mais importante do que a foto em si é a maneira como a entrevistada a imagina ou dela se recorda e a transmissão dessa imaginação ou memória por meio das palavras. Em seu cinema, a "verdade" possível é a do relato.

Se lembrarmos que alguns dos cineastas que viveram a transição do cinema silencioso para o falado se preocuparam com uma "perda da soberania da imagem", podemos afirmar, ainda que de maneira um tanto exagerada e mesmo esquemática, que Coutinho realiza uma inversão e que, em seu cinema, a soberania passa a ser da voz de quem se coloca em frente à câmera. Não se pode, porém, esquecer que essa "soberania" é atravessada pelo diálogo entre o entrevistado e o entrevistador, que é outra voz presente na cena. Muito distinto de um documentário que tenta (algumas vezes ingenuamente) reproduzir a realidade "como ela é" ou de outro que tenta "ocultar" a presença do entrevistador, apagando-o da entrevista, Coutinho faz questão de marcar uma posição para o emissor e outra para o destinatário da fala. Quem fala, dirige-se a alguém. E a posição de Coutinho no decorrer da sua obra parece ser um deslocamento de uma posição de "entrevistador" (que pergunta) para outra de "ouvinte" (que escuta, de maneira atenta, e provoca no momento exato, para seguir escutando). Aqui, ao que parece, temos outra aproximação com a clínica psicanalítica. Mas as diferenças entre cinema e clínica também devem ser ressaltadas: enquanto a prática da psicanálise se realiza durante sessões que se repetem durante um período de tempo relativamente longo, Coutinho registra um único encontro: é apenas enquanto a câmera está ligada que o cineasta vai escutar quem oferece seu relato. Nesse encontro face ao aparato do cinema, uma identidade passa a ser construída pela fala, pelos gestos e, não menos importante, pelos silêncios. Em entrevistas, Coutinho comentou que os impedimentos do meio televisivo o levaram a optar pelo documentário cinematográfico. Na televisão (Coutinho trabalhou durante uma década no programa Globo Repórter), o silêncio é proibido, bem como as hesitações, as voltas do discurso, a lenta construção do raciocínio e da memória. O cinema de Coutinho passou a respeitar o tempo da fala, não mantida na duração da entrevista, mas na "forma" da construção do discurso, com seus desvios, suas respirações. Na TV, por outro lado, toda condensação e violência na edição de um depoimento são justificados em prol de uma clareza de "conteúdo"[3].

Na obra de Coutinho, a presença do diretor cria uma nova aproximação possível entre cinema e psicanálise e reforça a ideia de que a maneira como se fala é ao menos tão importante quanto o que é dito. Isto fica claro nos filmes que aqui chamamos de "antropológicos". Em *Edifício Master*, o interesse recai em moradores de um prédio de apartamentos em Copacabana, retrato de uma classe média-baixa nos primeiros anos do século XXI. Histórias muito distintas se encontram nos diferentes andares do prédio, e Coutinho, em vez de tentar criar um conceito ou de tipificar seus personagens, prefere mostrar suas singularidades. Ele

---

3 Algumas importantes entrevistas de Eduardo Coutinho foram reunidas em BRAGANÇA, Felipe (org.). *Eduardo Coutinho*. Rio de Janeiro: Beco do Azougue, 2008. Sobre o silêncio na televisão, Coutinho diz, à página 19: "O silêncio é proibido na televisão brasileira porque é um tempo morto, induz o público a acreditar no defeito técnico e leva o espectador a mudar de canal. Mais grave que romper esse tabu é a revelação de que um filme é um filme, e não a realidade. Em seu naturalismo virulento que diz 'isto é o real, nós estivemos aqui, isto de fato aconteceu', nossa televisão abomina mais que tudo mostrar as negociações que presidem uma filmagem, as relações de confronto entre as duas instâncias instaladas nos lados opostos da câmera. Enfim, como dizem os eruditos, desvelar o trabalho da enunciação é crime de lesa-credibilidade."

está interessado nos diferentes sotaques, nas inflexões de voz, na ideia que cada personagem faz de si mesmo e de seu passado. Em *Peões* – filmado ao mesmo tempo em que João Moreira Salles realizava *Entreatos*, sobre a campanha presidencial de Lula em 2002 –, Coutinho recupera alguns dos participantes das greves que ocorreram no final dos anos 1970 e início dos anos 1980 no ABC paulista, época em que se consolidava o movimento operário que seria a base do Partido dos Trabalhadores. Antes de querer recuperar um importante capítulo da história recente do País, o filme tenta resgatar uma memória. Para a escuta do diretor, a verdade factual interessa menos que o imaginário que alimentava (e, em alguns casos, segue alimentando) o engajamento político de seus entrevistados. Para eles, Lula representa, além do político vitorioso, o depositário das lutas e reivindicações de uma classe profissional e de toda uma classe social. Essa identidade de classe fica patente quando notamos que os "peões" do título falam sobre seu trabalho de maneira muito pessoal, como parte indissolúvel de suas próprias identidades. Nos carros e caminhões que saíram das fábricas, eles viam a marca de seu próprio esforço. Uma noção de "pertencimento" e uma autoimagem totalmente interligadas as suas vidas profissionais e as suas opções políticas. O sindicalismo, nesse contexto, torna-se, além da luta política, a afirmação pública de uma identidade. E é justamente essa identidade que interessa a Coutinho. Novamente, temos personagens que constroem a si próprios por meio da fala.

O terceiro filme do grupo "antropológico" marca os limites dessa abordagem. *O fim e o princípio*, realizado no interior da Paraíba, nas proximidades do município de São João do Rio do Peixe, é construído a partir de entrevistas sem tema determinado. São conversas nas quais se sobressai a ideia da morte e da finitude. Acima de tudo, trata-se da possibilidade de outro poder decidir, no decorrer da entrevista, o assunto a conversar. O desejo de escutar do entrevistador não tem um interesse pré-determinado. É mais o interesse de quem fala que move a entrevista (e o próprio decorrer do filme). Ao escolher pessoas distantes dos grandes centros urbanos, que convivem com um tempo distinto da metrópole, o filme acaba registrando certa naturalidade diante da câmera que parece em vias de extinção. Aqui, outra diferente aproximação à clínica, que será mais radical nos filmes que nomeamos "performáticos": é o desejo de quem fala que move o filme, mais do que o desejo de quem escuta.

Nesses três trabalhos, Coutinho busca um "outro": o morador do edifício, o peão de fábrica, as pessoas do interior da Paraíba. Em seus três trabalhos seguintes – deixamos de lado *Um dia na vida* (2010), material de pesquisa para um filme sobre a TV, não lançado comercialmente –, Coutinho se aproxima ainda mais de uma posição que depende do desejo do outro em falar, em mostrar-se diante da câmera. *Jogo de cena* (2007) é realizado no espaço do teatro, enquanto *As canções* (2011) é feito em um estúdio. Em ambos os casos, numa inversão interessante, não é o documentarista que procura seus personagens, mas estes que procuram o documentarista. Anúncios em jornais convidaram os interessados a participar dos filmes e "contar sua história" no primeiro caso ou "recordar uma canção marcante em sua vida", no segundo. *O fim e o princípio,* de certa maneira, apontava esse caminho na medida em que se aproximava das pessoas para tentar descobrir o que elas gostariam de dizer à câmera. Em seus filmes "teatrais", Coutinho permanece estático, em silêncio, esperando que seu convite desperte o desejo do entrevistado e o mova até o espaço da filmagem (como um psicanalista "aguardando" a chegada do paciente).

Coutinho altera os estatutos de poder do mecanismo cinematográfico: é evidente que ainda é o diretor e sua equipe que decidirão qual o enquadramento ou quais partes do depoimento serão mantidas no filme e quais serão descartadas. As entrevistas são conduzidas por Coutinho, que questiona os entrevistados com informações obtidas por seus assistentes em entrevistas prévias (há, portanto, uma seleção entre os interessados em prestar depoimento). Mesmo assim, o resultado final está condicionado à resposta obtida pelos anúncios. O que move essas pessoas? Um desejo de se expor? De afirmar uma identidade? De compartilhar uma história? Tudo isso parece se misturar nas falas dos entrevistados. Em *Jogo de cena*, talvez a obra-prima recente do autor, Coutinho mistura mulheres anônimas e atrizes famosas que contam suas histórias pessoais. Em determinado momento, a atriz Marília Pêra repete a história de uma entrevistada. Depois, uma entrevistada repete a história de outra. No primeiro caso, pensamos que a entrevistada conta uma história que depois é repetida (ou "encenada", ou ainda "interpretada") pela atriz. No segundo caso, permanece uma dúvida: quem está repetindo a história de quem? Ao escolher personagens e atrizes, Coutinho identifica que, mesmo no documentário, todos são atores. Todos, a todo tempo, "encenam" e "interpretam". Não existe "verdade" no documentário porque a câmera é uma produtora de mentiras, a mentira "a vinte e quatro quadros por segundo", na frase de Jean-Luc Godard.

O que interessa, acima da "verdade" ou da "mentira", é a performance que constrói essas histórias, esses relatos. Uma performance em que a fala tem papel central. Em *Jogo de cena*, o público é convidado a tentar descobrir a "mentira" nas inflexões mínimas da fala das duas mulheres, mas logo percebe que é impossível decidir com clareza quem mente e quem diz a verdade. Tudo pode ser verdade e, ao mesmo tempo, ser ficção. Eis uma das razões porque Coutinho não utiliza a palavra "entrevistado", mas "personagem". Quem aparece diante de uma câmera ligada torna-se um "personagem de si mesmo".

Em *Moscou* (2009), o interesse de Coutinho pela performance o levou a filmar os ensaios da peça *As três irmãs*, do russo Anton

Tchekhov, pelo grupo Galpão de Belo, construção em reatos verídicos. O diretor se interessa pela "verdade na mentira" (aquilo que podemos perceber como "autêntico" em uma performance construída de maneira estudada). Se *Jogo de cena* e *As canções* tentam revelar a "cena" presente na vida cotidiana, *Moscou* tenta mostrar o que existe de "vida" na cena teatral. Assim, esses filmes dizem muito a respeito de como as identidades individuais são construídas no mundo contemporâneo, a partir da performance[4]. Em Coutinho, esse desempenho depende sempre do outro, daquele que escuta. É um cinema do encontro ou, nas palavras dele, um "cinema de conversação", cujos elementos seriam "o improviso, o acaso, a relação amigável, e às vezes conflituosa, entre os conversadores dispostos, em tese, dos dois lados da câmera"[5].

Estes parágrafos tentaram ilustrar a centralidade de uma performance da voz no cinema de Eduardo Coutinho e apontar proximidades e diferenças com a clínica psicanalítica. Adotamos o ponto de vista de um pesquisador de cinema que tentou, com suas limitações, mostrar pontos de contato com a psicanálise. Esperamos que futuras contribuições dos pesquisadores desta outra importante área do conhecimento possam aprofundar ainda mais nossos comentários.

---

4 Sobre a construção da identidade no mundo contemporâneo, ver HALL, Stuart. *A identidade cultural na pós-modernidade*. Tradução de Tomáz Tadeu da Silva e Guacira Lopes Louro. Rio de Janeiro: DP&A, 2003.

5 Carta-depoimento para Paulo Paranaguá, escrita para o catálogo do Festival do Réel em 1992 e republicada em *Eduardo Coutinho*, organização de Felipe Bragança, p.15.

Referências bibliográficas

BERNARDET, J-C. *Cineastas e imagens do povo*. São Paulo: Companhia das Letras, 2003.

MATTOS, C. A. *Eduardo Coutinho*: o homem que caiu na real. Santa Maria da Feira: Festival de Cinema Luso-Brasileiro de Santa Maria da Feira, 2003.

TEIXEIRA, F. E. (Org.). *Documentário no Brasil*: tradição e transformação. São Paulo: Summus, 2004.

XAVIER, I. Documentário e afirmação do sujeito: Eduardo Coutinho na contramão do ressentimento. In: CATANI, Afrânio Mendes et al. (Org.). *Estudos Socine de cinema*. São Paulo: Panorama, 2003. ano IV, p. 163-171.

______. Indagações em torno de Eduardo Coutinho e seu diálogo com a tradição moderna. *Cinemais*, Rio de Janeiro, n. 36, out./dez. 2003.

Referências fílmicas

COUTINHO, E. *As canções*. [Filme-vídeo]. Direção de Eduardo Coutinho. Brasil: Videofilmes, 2011.

______. *Edifício Master*. [Filme-vídeo]. Direção de Eduardo Coutinho. Brasil: Videofilmes, 2002.

______. *O fim e o princípio*. [Filme-vídeo]. Direção de Eduardo Coutinho. Brasil: Videofilmes, 2005.

______. *Jogo de cena*. [Filme-vídeo]. Direção de Eduardo Coutinho. Brasil: Videofilmes, 2006.

______. *Moscou*. [Filme-vídeo]. Direção de Eduardo Coutinho. Brasil: Videofilmes, 2009.

______. *Um dia na vida*. [Filme-vídeo]. Direção de Eduardo Coutinho. Brasil: [S.n.], 2010.

______. *Peões*. [Filme-vídeo]. Direção de Eduardo Coutinho. Brasil: Videofilmes, 2004.

CROSLAND, A. *O cantor de jazz*. [Filme-vídeo]. Direção de Alan Crosland. Estados Unidos: Warner Bros, 1927.

TRUFFAUT, F. *A noite americana*. [Filme-vídeo]. Direção de François Truffaut. França: Films du Carrosse, 1973.

ROCHA, G. *Deus e o diabo na terra do sol*. [Filme-vídeo]. Direção de Glauber Rocha. Brasil: Copacabana Filmes, 1964.

4. Olhar e horror na transposição de um caso clínico de psicose para o cinema

COLETIVO CASOS CLÍNICOS

Este texto é resultado parcial das pesquisas conceituais realizadas pelo Coletivo *Casos Clínicos* no contexto da elaboração do projeto de arte e linguagem do curta-metragem *O caso Dominique*. Trata-se de um grupo que busca explorar as interfaces entre cinema e psicanálise a partir da filmagem de casos clínicos clássicos não apenas teoricamente, mas sobretudo, no contexto da produção cinematográfica. Compõem o coletivo João Felipe Domiciano, Luiz Eduardo Moreira, Luiz Felipe Bruder Gonzales, Pedro Eduardo Silva Ambra, Rivanildo do Nascimento Almeida, Roberto Propheta Marques, Ana Flávia Chagas, Domini Meyer, Maria Letícia Oliveira, Mauricio Kinoshita, Mauro Draco e Thiago Meyer.

4.1 Filmar a clínica

São vários os filmes e séries de TV que tentam estabelecer um diálogo com a clínica, mais especificamente a psicanalítica e a psiquiátrica – o seriado *House*, por exemplo, foi sucesso de audiência. Uma primeira tentativa de se filmar as origens da psicanálise acontece com *Freud – além da alma*, dirigido por John Huston em 1962, a partir de um roteiro escrito por Jean-Paul Sartre (que, descontente com a versão final, pediu que seu nome não constasse nos créditos). Vemos cenas de Freud com suas primeiras pacientes histéricas. Desde então, a terapia pela fala tornou-se terreno fértil para o cinema.

As referências à psicanálise e às psicoterapias no cinema são tantas que Ryan Gilbey chegou a publicar um artigo, na *New Statesman*[1], elencando os clichês presentes nesses filmes: o médico como detetive, o terapeuta como individualista que redescobre sua humanidade ou que é mais louco que os loucos de quem deveria cuidar. Por outro lado, em seu confronto com as artes, a psicanálise serviu como inspiração para o movimento surrealista e como ferramenta de análise e crítica. Por que, então, esta influência não poderia radicalizar-se também no cinema?

A partir dessas observações, gostaríamos de refletir a respeito de uma proposta de trabalho que consiste em recriar cinematograficamente alguns casos clínicos, clássicos da psicopatologia, da psiquiatria e da psicanálise, no formato de curta-metragem. Decidimos por nos debruçar primeiramente sobre o historial de Dominique, caso grave de psicose num rapaz bastante inteligente de 14 anos, atendido pela psicanalista francesa Françoise Dolto (1908-1988) e publicado na forma de transcrição integral das sessões (Dolto, 2010).

---

1 Disponível em: <http://www.newstatesman.com/blogs/cultural-capital/2012/03/therapy-psychiatrist>. Acesso em: 17 jul 2012.

Transformar esta herança transmitida por meio de um detalhado relato de caso colocou-nos alguns problemas. De forma mais ampla, nos deparamos com um primeiro desafio que consistia em encontrar e buscar possibilidades de analogias entre a linguagem cinematográfica e a clínica. Mais especificamente, a dificuldade desenhava-se junto à própria psicose, por seu contexto clínico. Como transpor para as telas a experiência do tratamento de uma psicose sem ceder à via fácil de uma imaginarização de pontos-chave ou do exagero? Ou, ainda, de transformar em uma narrativa fluida o que é da ordem do impossível, da construção retroativa e da experiência do abismo?

Conforme buscaremos apresentar ao longo do capítulo, optamos por construir com a experiência do horror no cinema alguns paralelos que têm se mostrado úteis para a elaboração da linguagem e do projeto conceitual de *O caso Dominique*, que se encontra em fase de pré-produção.

4.2 Psicanálise e romance policial

O advento da psicanálise, historicamente próximo da emergência do gênero literário representado pelo romance policial, não deve ser visto como mera coincidência. Como aponta Dunker (2002), a representação da clínica como uma arte da investigação, como um jogo de perguntas e respostas que serviria de molde para a investigação clínica sobre os determinantes e as causas, leva-nos a uma estratégia clínica e narrativa de deslocamento entre o olhar imediato e a constituição de seus dados, de sua semiologia, enquanto modo de tradução de sinais em sintomas. A psicanálise como uma experiência da fala mostra sua proximidade com o valor da retórica concedida aos investigadores como Holmes, Dupin e Poirot.

A emergência da forma do caso clínico, em contraste com a mera descrição de quadros generalizáveis, toma prevalência para a psicanálise. Esta permite, por sua própria essência, aliar a singularidade da história de uma vida, da composição entre os relatos biográficos, da evolução da doença e do tratamento a um modo de descrição no qual reconhecemos um traço universal. O romance policial seria, portanto, o correlato literário para a possibilidade de narrativização da experiência psicanalítica.

No entanto, frente à possibilidade de utilização dos recursos cinematográficos para a transmissão desta experiência, em especial a extraída de um caso de psicose, nos deparamos mais uma vez com o olhar e sua função primeira. Este olhar, antes de remeter à objetivação descritiva, leva-nos a outra forma literária coetânea da emergência da psicanálise: o gênero do conto fantástico. O deslocamento do narrador de sua posição habitual para a angústia da experiência provinda do surreal, do estrangeiro no mundo exterior e em si próprio (Calvino), possibilita abarcar o irrepresentável por uma experiência que nos toca no íntimo. A análise de Freud sobre a noção de *Unheimlich*, o estranho familiar, central no conto de E. T. A. Hoffmann, *Der Sandmann*, traz a importância do papel do olhar para o estranhamento vivenciado pelo leitor. O homem de areia é representado como aquele que, frente a crianças desobedientes, lança nos olhos da vítima um punhado de areia e, então, os arranca de suas órbitas. O olhar tem, aqui, um lugar fulcral na experiência do estranho familiar, como bem diz Lacan:

> *A cada vez que, subitamente, por algum incidente fomentado pelo Outro, sua imagem no Outro aparece para o sujeito como privada de seu olhar, toda a trama da cadeia da qual o sujeito é cativo na pulsão escópica se desfaz, e é o retorno à angústia mais básica.*

A angústia marca a perda das coordenadas simbólicas que sustentam a narrativização da experiência imediata, marca o encontro com o objeto irrepresentável e inassimilável. No entanto, devemos notar que, neste conto, o desamparo e o estranhamento são partilhados entre o personagem e o espectador. O primeiro, em sua trama, vai perdendo a cada ponto nodal da história a referência mais básica entre ele e o outro, assim como nós, espectadores, ficamos em suspenso sobre o que presenciamos, se aquele personagem é humano ou não, sobre como representar o que está posto diante de nós. Aqui lançamos um questionamento: o olhar em suspenso do horror seria uma forma de transmissão da experiência psicanalítica da psicose no cinema análoga à do romance policial enquanto gênero literário?

4.3 Posição da angústia

Antes de nos debruçarmos sobre a questão, convém sublinhar que a escolha do horror não se justifica por uma espécie de "juízo de valor", que tomaria a psicose como necessariamente mais grave e, por isso, naturalmente horripilante. Como gostaríamos de apontar, é antes na própria experiência e forma cinematográfica do filme de horror que o paralelo deve ser feito. Por isto, não se trata de qualquer horror.

De forma bastante sintética e um tanto especular, poderíamos dizer que há uma gama de filmes cuja estrutura horripilante se dá de forma neurótica, majoritariamente histérica. Teríamos, aqui, filmes como *Pânico*, *Eu sei o que vocês fizeram no verão passado* etc. O olhar, nestes casos, é sempre convidativo, mas ambivalente, buscando ao mesmo tempo revelar e não revelar o desejo em jogo. É interessante observar como a estrutura narrativa apresenta as personagens sempre num jogo de seduzir o espectador para ora provar que são inocentes, ora levantar as suspeitas.

O pano de fundo, em geral adolescente, sublinha a ambiguidade e intensidade da relação entre as personagens que nunca aparecem sem laços afetivos e eróticos que, de alguma forma, se mostram decisivos em seus desfechos. Anedoticamente, o clipe *Thriller*, de Michael Jackson, parece ironizar este tipo de construção, em uma paródia e narrativa dançantes que envolvem zumbis, uma namorada aterrorizada e um namorado que de príncipe transforma-se em lobisomem ou zumbi, pronto para devorar a parceira. Assim, há, nestes casos, o horror como postergação da experiência do sexual, executando a função de manter o desejo sempre insatisfeito.

Há também filmes que buscam explorar modalidades perversas de narrativas, como *Mártires* (2008), *A centopeia humana* (2009) e a série *Jogos mortais*. O gozo parece vir no lugar de condução pulsional e narrativa, em contraste com o desejo, no caso do horror histérico. Mais do que isto, nestes casos, o horror se apresenta justamente na impossibilidade de superação de um conjunto muito bem estabelecido de regras que condicionam o gozo, seja do mestre que ensina, seja do "jogador" que sofre.

São filmes em que a erotização neurótica encontra pouco espaço, uma vez que o que está literalmente em jogo é a sobrevivência a partir de um trato sádico, um uso específico do corpo: seja na amputação de partes, seja na costura cirúrgica de pessoas ou na redenção religiosa de uma figura santa e mítica que só é encontrada a partir da tortura sistemática. No caso específico de *Jogos mortais*, o efeito de perversão pode até atingir o espectador na medida em que é possível identificar-se com o perpetrador dos jogos, ao entender que "ele só queria ajudar as pessoas" ou "se tratava de ensinar algo a elas".

De toda forma, resta-nos saber qual seria o tipo de horror mais especificamente ligado à experiência da psicose e, para além de uma simples analogia, como nos exemplos acima, de que forma a psicanálise pode contribuir conceitual e cinematograficamente para tal construção?

Se pretendemos trabalhar a partir da noção de olhar, devemos fazer a distinção entre neurose e psicose em suas relações com ele. Neurótico é aquele cuja relação com os objetos é sempre mediada por um ponto insondável do objeto, a partir do qual este lhe devolve o olhar. Isto os inscreve numa relação fantasmática com os objetos, fazendo incidir neles o barramento de uma questão que se volta para o sujeito na formulação prototípica: *che voi*? O fantasma é a forma pela qual o sujeito elabora as respostas no plano imaginário para essa questão impossível de ser simbolizada.

No que diz respeito ao psicótico, sua relação com os objetos não é mediada por esse olhar insondável. Quer dizer, o ponto a partir do qual o objeto olha não faz mistério. Pelo contrário, o olhar do objeto é imediatamente acessível ao sujeito psicótico. Não há, portanto, questão, de modo que não é possível localizar, nesta relação, onde estão sujeito e objeto: tanto o indivíduo psicótico como seus objetos oscilam entre ambas as posições, ou melhor, ocupam as duas simultaneamente. Podemos também dizer o seguinte: o sujeito psicótico olha seus objetos nos olhos.

4.4 Posição do olhar

Podemos trabalhar sob a hipótese de que o cinema condensou a problemática narrativa própria às psicoses em narrativas cinematográficas de horror? Chamaríamos a atenção, por exemplo, para como o cinema é capaz de mobilizar nossos afetos com grande facilidade, que não poderia ser comparada com qualquer outra técnica narrativa. Além disso, o estado de suspensão em que nos deixa é inigualável. Mas qual a especificidade dessa mobilização afetiva e como manipulá-la para produzir o afeto psicótico?

O filósofo esloveno Slavoj Žižek fornece, em suas articulações entre cinema e psicanálise[1], algumas leituras interessantes dessa problemática. Poderíamos citar, com base nas reflexões de Žižek, ao menos duas formas de se produzir no espectador o afeto psicótico. Há ainda a produção do horror por meio do confronto com o olhar como objeto.

O afeto psicótico poderia ser criado por meio da manipulação da trilha sonora, de sua distorção ou da intrusão de sons estranhos à cena, de modo que o descompasso criado entre imagem e som faça com que a relação entre ambos se inverta. Em vez de ser a imagem que fornece o sentido da trilha sonora, é ela que passa a fornecer a perspectiva por meio da qual lemos o encadeamento das imagens. Encontramos casos paradigmáticos disto, por exemplo, em *The elephant man* (David Lynch, 1980) e *Invasion of the body snatchers* (Philip Kaufman, 1978).

De outro modo, temos filmes construídos com base em alguma proibição formal arbitrária, criando artificialmente uma falta em torno da qual todo o sentido do filme será estruturado. Os três casos mencionados por Žižek são: *Lady in the lake* (Robert Montgomery, 1947), todo filmado em câmera subjetiva (proibição de tomadas objetivas); *Rope* (Alfred Hitchcock, 1948), filmado num único plano sequencial (proibição dos procedimentos de monta-

---

1 Cf. ŽIŽEK, S. *Looking awry: an introduction to Jacques Lacan through popular culture*. Cambridge, MA: MIT Press, 1992; ŽIŽEK, S. (Org.). *Everything you always wanted to know about Lacan*: but were afraid to ask Hitchcock. 2. ed. London: Verso, 2010; e ŽIŽEK, S. *Lacrimae rerum*: ensaios sobre cinema moderno. Tradução de Isa Tavares e Ricardo Gozzi. São Paulo: Boitempo, 2009.

gem); e *The thief* (Russell Rouse, 1952), filme sonoro que não apresenta qualquer palavra falada. Quando uma falta arbitrária passa a funcionar como elemento em torno do qual se constrói o campo do sentido, temos aí uma experiência precisa da psicose, que se estrutura a partir da falta de uma falta primeira (falta da castração neurótica) e deve encontrar modos arbitrários de produção de sentido em torno de núcleos que façam a função de falta. Assim, o primeiro filme produz no espectador um estado de psicose paranoica, na medida em que toda a objetividade tem o seu sentido reduzido à leitura subjetiva imposta pela câmera; o segundo produz efeito psicótico de passagem ao ato, pois não há qualquer hiato reflexivo entre o que se diz e o que se mostra; o terceiro, finalmente, produz um estado de autismo, pela exclusão da linguagem como elemento organizador da rede discursiva.

Temos, ainda, a produção do horror pelo confronto com o olhar. Há um filme paradigmático por meio do qual podemos introduzir a discussão a respeito do olhar no cinema. Trata-se de *Rear window* (*Janela indiscreta,* de Hitchcock, 1954), em que o olhar assume a curiosa função de protagonista da trama. É a história de Jeff (James Stewart), que confinado em seu apartamento enquanto se recupera de um acidente na companhia de Lisa (Grace Kelly), uma mulher cuja amizade está repleta de insinuações amorosas, dedica-se a observar, através da janela, a vida dos vizinhos do prédio em frente. Os binóculos por meio dos quais observa as minúcias das vidas de seus vizinhos é o emblema maior da questão que o filme aborda.

Em sua análise de *Rear window*, Žižek observa que nesse prazer escópico encontrado pela personagem podemos localizar um modo de estruturação daquilo que devemos reconhecer como campo fantasmático. Neste sentido, o que constitui um plano secundário de ação deve ser elevado à condição de uma espécie de causa estrutural do próprio filme. Tudo se passa como se as aventuras acompanhadas por Jeff através da janela fossem formas fantasmáticas de realizar o desejo que está em jogo em sua relação com Lisa. O que ele quer é postergar um encontro amoroso efetivo com Lisa, esquivar-se da responsabilidade de ter uma mulher exuberante oferecendo-se para ele. As cenas vistas através da janela funcionam, portanto, como substitutos à realização desse encontro. Eles poderiam, assim, viver juntos uma alegria como aquela dos vizinhos recém-casados; ou ele abandonaria Lisa, que se tornaria uma pessoa solitária como *Miss Lonely Hearts*; ou ainda poderiam passar a vida seguindo uma rotina entediante; finalmente ele poderia matá-la. Nesse sentido, o significado daquilo que Jeff vê pela janela está submetido ao que se passa do lado de dentro de seu apartamento, como se fosse o seu suplemento necessário. A relação entre figura e fundo deve ser invertida em nossa leitura do filme, já que aquilo que funciona como uma espécie de pano de fundo, a relação entre Jeff e Lisa, aparece-nos como centro da tensão dramática colocada em cena.

Até aqui, tudo se passa como se o espectador, identificado com o olhar de Jeff, pudesse também realizar seus desejos por meio dessa atividade substituta relacionada ao olhar. Ocorre que o filme realiza uma importante inversão: Jeff se depara com o olhar do assassino que ele vinha observando à distância. Nesse momento, o espectador perde, com Jeff, a posição de observador neutro e distante de eventos que estão acontecendo na janela vizinha. A questão com a qual se vê confrontado passa a ser: *che voi?* O que você quer? Ou seja, Jeff subitamente encontra-se inscrito na cena observada como sujeito desejante. Já não há mais separação clara entre os eventos observados e seu próprio desejo. É assim que a relação entre Jeff e Lisa passa a aparecer como motivo central do interesse dele pelos eventos que ocorrem na janela vizinha, estes servindo como substitutos fantasmáticos ao desejo que envolve a relação entre os dois protagonistas.

Podemos localizar, assim, uma relação clara entre essa dimensão do olhar, que nos inscreve como sujeitos desejantes numa cena que nos parecia estrangeira, com a experiência de horror com a qual o filme nos confronta. Trata-se, precisamente, do horror relacionado ao deslocamento do espectador entre dois níveis distintos de identificação com a personagem, que não deixa de exercer a função de narrador. Num primeiro nível, há a identificação fantasmática, por meio da qual o espectador se encontra em condição de satisfazer seus desejos de modo idêntico a Jeff, assistindo passivamente à janela representada pelo *écran*. No segundo nível, quando a tela fantasmática se rompe no exato instante em que o olhar do outro entra em cena, o espectador vê-se identificado com o próprio olhar de Jeff, olhos que se veem sendo vistos enquanto olham. É neste momento que somos abruptamente confrontados com nossa responsabilidade subjetiva em relação às cenas a que assistíamos outrora passivamente, em que nos damos conta de que é ali que nosso desejo se inscreve. Trata-se, em suma, como insiste Žižek, do pesadelo que decorre da realização de uma fantasia do horror produzido por um desejo que subitamente perde seu enquadramento pela fantasia.

Žižek levará sua análise da incidência do olhar no cinema adiante, em particular no que diz respeito ao horror, ao discutir o procedimento de montagem característico da direção de Alfred Hitchcock. Trata-se da alternância entre dois tipos de tomada somada à absoluta ausência de outros dois tipos. A ideia de soma aqui aparece com o máximo de precisão, na medida em que tais ausências têm valor determinante no processo. Por um lado, alterna-se entre a câmera subjetiva – o sujeito que vê, com o foco no objeto terrível e inefável – e a objetiva, mostrando o sujeito que se aproxima do objeto. Por outro lado, nunca temos uma câmera subjetiva do ponto de vista do objeto, como se pudéssemos partilhar do olhar do objeto ao sujeito, e tampouco uma câmera objetiva mostrando o próprio objeto.

Tomemos, com Žižek, a cena de *Psicose* (*Psycho*) em que Lila (Vera Miles) se aproxima da casa onde, presume-se, mora a mãe de Norman (Anthony Perkins). Hitchcock alterna entre a tomada subjetiva de Lila olhando para a casa e a tomada objetiva de sua aproximação. Que a casa seja mostrada somente do ponto de vista subjetivo de Lila é um dado fundamental para que apareça como algo absolutamente estranho (*unheimlich*) para o espectador. Caso tivéssemos uma tomada objetiva da casa, ela seria destituída dessa estranheza e passaria a ser como as outras. O efeito que ela exerce sobre a personagem seria absolutamente psicologizado, atribuído a suas perturbações. Por outro lado, se tivéssemos uma tomada subjetiva do ponto de vista da própria casa, como se alguém olhasse de dentro dela para a mulher que se aproxima – procedimento que, aliás, é dos mais comuns em filmes de suspense, teríamos a impressão de que há alguém dentro da casa que representa perigo à personagem sem que ela esteja consciente disso. Se isto pode intensificar a tensão, também subjetiva o olhar ameaçador, subtraindo da cena a dimensão do olhar como objeto.

Pois é, precisamente, essa dimensão do olhar como objeto que nos confronta com a dimensão do horror: o abismo insondável a partir do qual o outro nos olha, confrontando-nos com aquilo que há de mais terrível em nosso próprio desejo.

4.5 Roteiro e fotografia

À guisa de conclusão, cumpre realizar alguns apontamentos que podem contribuir especificamente para a filmagem de *O caso Dominique*. A psicanálise de orientação lacaniana sublinha o fato de que na psicose há uma montagem específica da lógica do sujeito a partir do Édipo, a saber, a impossibilidade da instauração do *Nome-do-Pai* como abertura para relações simbólicas triangulares.

Do ponto de vista da constelação familiar de Dominique, esta montagem não simbolicamente triangular nos é apresentada por Françoise Dolto de forma bastante clara: uma mãe "150%", um pai ausente, um berço vazio, um tio morto ainda quando criança etc. No entanto, optou-se por um roteiro que privilegiasse especificamente o contexto clínico, deixando fora da narrativa estes aspectos.

Mas o que é excluído do simbólico do roteiro pode reaparecer no real da fotografia. Desta forma, a ideia a ser desenvolvida pela equipe de linguagem e aproveitada pela direção de fotografia tem o sentido de excluir – cinematograficamente e não textualmente – elementos que façam referência a montagens que envolvam estruturas ternárias, ou até mesmo toda e qualquer referência ao *três*.

Assim, a ideia é, por exemplo, não filmar nenhuma cena em que três ou mais personagens apareçam juntos, mesmo que isto implique soluções que envolvam efeitos especiais ou eventualmente impossibilidades lógicas da história ou da fotografia. Desta forma, a discussão nos conduz a pensar especificamente sobre a questão do ambiente do Dominique. E sobre ele nos deteremos um pouco mais.

Tendo em vista o protagonista do caso e levando em consideração que outros personagens possuem papéis importantes, porém coadjuvantes – Dominique transita ao longo da narrativa entre estados sociais muito distintos –, tentemos entender a sua participação ativa neste ir e vir constante que nos coloca em pelo menos três situações totalmente diversas: a atenção total da família (antes do nascimento da irmã caçula); o descaso (após o nascimento da irmã caçula) e o contato com Dolto; a superação, após as sessões trabalhadas e expostas no livro.

Para pensarmos o horror em *O caso Dominique*, e a transposição deste estado para o cinema sem perdermos a validade e mantendo a fidelidade da história, devemos levar em consideração os caminhos possíveis para se unir elementos que permitam que o conjunto da obra, em seu termo, tenha características harmoniosas e, em um nível que não beire o terror e suas "extremidades", determinados requintes de suspense. Para a construção de tais ambientes (que levam o horror em seu ápice ao espectador), devemos levar em consideração que, sob um ponto de vista muito específico, Dominique é o personagem que mais usa da sua liberdade e passeia entre os planos hierárquicos da sua própria história.

Assim como em um quadro ou imagem específicos, a história possui primeiro e segundo planos e Dominique vai de um a outro com uma destreza que lhe é peculiar, fazendo com que as demais personagens assumam, em momentos específicos, a dianteira da narrativa, sem que ela perca o seu foco (Dominique) e sua qualidade – muito pelo contrário, a história só ganha em elementos quando temos em primeiro plano a mãe de Dominique, Dolto, entre outros. Pode-se argumentar que, em um caso psicanalítico, tais mudanças e transições são, na verdade, inevitáveis, no entanto, podemos pensar em *O caso Dominique* sem momentos nos quais façamos uma leitura sob a ótica dos coadjuvantes – evidente que a narrativa tomaria obrigatoriamente outros rumos, porém o caminho percorrido não perderia em qualidade de enredo e o fim não seria prejudicado, até mesmo porque estamos tratando de uma história real.

Para a elaboração do cenário de horror (pensando na constituição por completo do caso no cinema), as decisões cinematográficas e a leitura do caso devem ser feitas a partir do olhar de Dominique e do seu alheamento – da família, do mundo e de si. Consideremos as inquietações, as confusões e o isolamento do garoto e de seu sufoco diante desta sociedade que ele parece não acompanhar (ou não querer acompanhar). A tradução de tal contextualização no cinema evidencia Dominique e o seu descaso com relação à própria família, de maneira que ele seja colocado sempre no centro da imagem – de preferência em ambientes vazios ou sendo evacuados. Em momentos nos quais outros personagens são evidenciados no quadro, seria apropriado que Dominique fosse "jogado" para o canto da tela, nos remetendo a esta subvalorização do próprio Dominique quando colocado diante de outras pessoas, sejam elas familiares ou não. Os interiores evacuados, comumente usados no cinema poético de Yasujiro Ozu (1903-1963), assumiriam uma tonalidade diferente na adaptação de *O Caso Dominique* se levarmos em consideração as confusões e complexidades psicológicas do protagonista (roupas sujas meticulosamente guardadas e a falta de organização das suas ideias). Tal solução dialoga igualmente com a questão da psicose por sublinhar o caráter de resto e de total assujeitamento ao outro que alguém na psicose experimenta. Em outro sentido, no fundo, com a intenção de evidenciar ainda mais as sensações de abandono, os ambientes ou espaços antes abandonados por outros personagens (coadjuvantes ou figurantes) poderiam ver-se abandonados pelo próprio Dominique causando no espectador um impacto quanto à inclusão ou imersão na trama. Trata-se de recurso reflexivo, pois move o olhar de quem vê para uma posição ainda não experimentada e, em última instância, permite uma avaliação imediata dos comportamentos expostos.

O cinema traz à tona a linguagem secreta das coisas mudas, dá alma aos objetos e não poderia ser diferente em *O Caso Dominique*. A relação de Dominique com os objetos e móveis no consultório de Dolto não pode ser outra, é uma relação de troca, de interação, que permite uma aproximação entre analista-analisado, bem como uma aproximação personagens-espectadores. Mesmo quando o enredo avança e Dominique já não se interessa de maneira tão efetiva pelos brinquedos e massinhas, ainda assim os objetos exercem um papel importante na composição de um todo fílmico, por mais que seja revelada esta importância pela ausência dos objetos – ou caberia um recurso rico na linguagem cinematográfica que é o mostrar, de maneira lenta, com movimentos sutis de câmera, os brinquedos e massinhas "abandonados" e Dominique, em uma continuação do plano, conversando serenamente com sua analista. A alma do objeto solicita este contato com o espectador, que tende a se ambientar de acordo com a disposição dos materiais em cena. Logicamente, a falta de contato direto de Dominique com os brinquedos em algumas sessões transmite uma mensagem que, em outras histórias, poderia significar outras coisas e situações, mas aqui revela um progresso do garoto, que parece sair de um estágio de "infantilização" eminente.

A adaptação de *O caso Dominique* viabiliza a saída do protagonista do primeiro plano da história em vários momentos (notamos nas duas primeiras versões do nosso roteiro) e este aspecto é aliado às situações nas quais flagramos ambientes sendo evacuados, que permitem uma tônica voltada para o horror que se encaixa entre as transições evidenciadas na tela (recurso muito usado pelo cineasta Roman Polanski em *Rosemary's baby*). O ritmo da câmera na aproximação ou no distanciamento de Dominique ou de objetos de cena dita a maneira como a adaptação virá a ser percebida por quem a assistirá. Neste ponto, duas características são importantíssimas: o olhar da câmera e o de Dominique. Como ele encara (se é que encara o mundo ao seu redor) e como a câmera nos faz encarar este mesmo mundo. Evidente que devemos ponderar, também, quando assumimos o olhar do protagonista em dadas situações – cabe a análise sobre a validade da câmera subjetiva, pelo menos no que diz respeito ao próprio Dominique. De acordo com Gilles Deleuze em *Cinema: a imagem-movimento*, a imagem possui duas funções: a visível e a legível – que supera os limites da primeira. Um determinado enquadramento cinematográfico nos permite, *a priori*, o contato com um conjunto de elementos dados (e vários subconjuntos, dentro dos conjuntos a depender da saturação ou da rarefação dos objetos no quadro em questão), esta é a função visível da imagem. Trata-se de uma relação empírica.

A função legível da imagem nos remete a experiências anteriores e possibilita a apropriação, a compreensão, por parte do espectador, do quadro assistido. O ambiente evacuado pode nos fazer questionar os comportamentos expostos, os elementos presentes e rememorar as situações abordadas até o momento e, inclusive, especular sobre quais outros ambientes e quais as possibilidades dos rumos dos personagens analisados (pelo espectador). Entendendo que Dominique é analisado por Dolto, e, neste jogo de cinema, analisamos todos os envolvidos.

Dialogando com a aproximação do horror em Hitchcock com a psicose, em *O caso Dominique,* a câmera não mostra, ela vê. Isto possibilita que o espectador se coloque no lugar de Dolto, de Dominique ou de sua mãe. A preocupação no registro da imagem, na captura dos espaços e dos elementos, presentes ou não, possui um recurso do qual o mero "mostrar" imagens não dispõe: a câmera "é" um personagem (seja da história ou do próprio espectador). O deslocamento e a velocidade são diferentes e não há neutralidade, assim como não há imparcialidade. Posso, como espectador-personagem, assumir, até mesmo, o ponto de vista de objetos (antes) cênicos. Sendo assim, o ritmo assume uma profusão de sentimentos presentes nos espaços circundantes como não poderia ser em nenhuma outra ocasião. E eis que o horror pode, como nunca, se fazer presente e tende, desta maneira, a tomar conta dos personagens, que se veem envolvidos em uma aura aterrorizante e sufocadora. É o comportamento de Dominique que vai ditar a posição da câmera. É simplesmente por isso que Dominique pode ser visto como protagonista de uma história que tende a marginalizá-lo, levá-lo para um lugar menor, um lugar esquecido (seja seu quarto escuro, seja seu caminhar solitário pelas ruas). Nosso protagonista dispõe de (e usa) uma liberdade que nenhum outro personagem possui na história. Fazemos de Dominique um ser onipresente, mas não necessariamente pensamos como ele pensaria.

Referências bibliográficas

DELEUZE, G. *Cinema*: a Imagem-movimento. São Paulo: Brasiliense, 1985.

DOLTO, F. *O caso Dominique*. São Paulo: Martins Fontes, 2010.

ŽIŽEK, S. *Looking awry*: an introduction to Jacques Lacan through popular culture. Cambridge, MA: MIT Press, 1992.

______. *Everything you always wanted to know about Lacan*: but were afraid to ask Hitchcock. 2. ed. Londres: Verso, 2010.

______. *Lacrimae rerum*: ensaios sobre cinema moderno. São Paulo: Boitempo, 2009.

Referências fílmicas

CRAVEN, W. *Pânico*. [Filme-vídeo]. Direção de Wes Craven. Estados Unidos: Dimension Films, 1996.

GILLESPIE, J. *Eu sei o que vocês fizeram no verão passado*. [Filme-vídeo]. Direção de Jim Gillespie. Estados Unidos: Mandalay Entertainment, 1997.

HITCHCOCK, A. *Janela indiscreta*. [Filme-vídeo]. Direção de Alfred Hitchcock. Estados Unidos: Paramount Pictures, 1954.

______. *Psycho*. [Filme-vídeo]. Direção de Alfred Hitchcock. Estados Unidos: Shamley Productions, 1960.

______. *Rope*. [Filme-vídeo]. Direção de Alfred Hitchcock. Estados Unidos: Warner Bros, 1948.

HUSTON, J. *Freud*: além da alma. [Filme-vídeo]. Direção de John Huston. Estados Unidos: Bavaria Film, 1962.

KAUFMAN, F. *Invasion of the body snatchers*. [Filme-vídeo]. Direção de Philip Kaufman. Estados Unidos: Solofilm, 1978.

LAUGIER, P. *Mártires*. [Filme-vídeo]. Direção de Pascal Laugier. França: Canal Horizons, 2008.

LYNCH, D. *The elephant man*. [Filme-vídeo]. Direção de David Lynch. Estados Unidos: Brooksfilms, 1980.

MONTGOMERY, R. *Lady in the lake*. [Filme-vídeo]. Direção de Robert Montgomery. Estados Unidos: MGM, 1947.

ROUSE, R. *The thief*. [Filme-vídeo]. Direção de Russell Rouse. Estados Unidos: Harry Popkin Productions, 1952.

SIX, T. *A centopeia humana*. [Filme-vídeo]. Direção de Tom Six. Países Baixos: Six Entertainment, 2009.

WAN, J. *Jogos mortais*. [Filme-vídeo]. Direção de James Wan. Estados Unidos: Evolution Entertainment, 2004.

5. Iluminação: o instante da luz

MAURO MARTINS SANTOS

Formado em Cinema pela Fundação Armando Álvares Penteado (FAAP). Atua há mais de 25 anos na área de audiovisual. Como diretor de fotografia, fez curtas, programas de TV (SescTV, TV Brasil, Multishow e GNT), documentários (Animal Planet, TV Brasil, TV Cultura e Futura) e uma novela (TV Record). Atuou em quatro filmes de longa-metragem como operador de câmera (*Bicho de sete cabeças, Querô, Chega de saudade e Meu país*). Também atua como diretor de cena em documentários e programas de TV.

5.1 Iluminação

Normalmente, quando se fala em fotografia, costuma-se classificá-la de duas maneiras: ou é bonita ou é feia. Quase sempre, diz-se que a boa fotografia é aquela que deixa as cenas mais belas, com as cores harmônicas, contrastes perfeitos e uma composição de quadro meticulosa. Deixando o adjetivo ruim para a fotografia que torna as coisas mais feias, cruas, sujas, quase reais. Mas será que isso é sempre verdade? É claro que uma grande parte dos diretores de fotografia, na qual me incluo, tem de lutar contra a tentação de deixar sempre tudo mais bonito. A luz é como um pincel na mão de um artista. A posição da câmera é o quadro que escolhemos pintar. Cada fotograma é, para quem fotografa, uma obra que pretensamente pode ser chamada de arte. Mas por que devemos lutar contra uma tentação que tanto agrada aos olhos de todos? Exatamente por esta razão, nem sempre o que o diretor, enquanto autor, quer é agradar. Nem sempre o que se busca é a beleza ou a harmonia. Como no caso do filme *A rosa púrpura do Cairo* (1985), quando Woody Allen queria uma situação desagradável para uma das personagens e pediu para seu fotógrafo, Gordon Willis, criar a sensação "de sair do cinema e de repente estar no mundo real em toda sua feiura"[1], nas suas próprias palavras. Ou seja, o importante, neste momento, era fazer com que o público se sentisse tão incomodado quanto a personagem. Dos vários recursos existentes para tal, ele escolheu a fotografia como elemento narrativo. Como sabemos, um filme é a junção de diversos elementos com um só propósito. O importante, e logicamente o mais difícil, é fazer com que todos "conversem entre si", como dizemos no jargão da produção.

---

1 LAX, Eric. *Conversas com Woody Allen.* São Paulo: Cosac Naify, 2008.

O trabalho de um diretor de cinema é, basicamente, fazer com que todos no set do filme trabalhem. Mas como extrair o resultado desejado deste trabalho é a questão. Como diz Bernardo Bertolucci: "Com o tempo entendi que um diretor pode expressar ainda melhor suas fantasias se for capaz de estimular a criatividade de todos aqueles que o cercam"[2]. Em geral, todos os envolvidos na produção de um filme estão sempre dispostos a acrescentar algo pessoal ao resultado final da obra. Isto é parte da natureza das pessoas, sobretudo daquelas que vão parar num set de filmagem. Com especial destaque para o diretor de fotografia, que acredita ser possível traduzir toda e qualquer sensação em imagem, e, lá no fundo, mesmo que muitos neguem, carrega o narcisismo de saber que tudo o que imprimiu no suporte que retém a imagem retrata, em última análise, a atuação dele, sem a qual todo aquele trabalho poderia ser qualquer coisa, menos um filme. Nem sempre esse toque pessoal é bem-vindo, é aí que entra a sinergia entre os membros de uma equipe, que é a compreensão do que representa o trabalho de cada um que ali está. A contribuição de todos é essencial para se transportar para as telas as intenções que existiam antes do filme ficar pronto. Posso garantir que quando se consegue essa sinergia da equipe durante as filmagens, o resultado aparece. Não me pergunte como, pois eu não saberia explicar. Trata-se de uma constatação empírica.

Pode-se atribuir como resultado de um filme aquilo que efetivamente se vê nas telas, fruto de uma série de relações pessoais e profissionais. Como na vida, as relações interpessoais nem sempre geram resultados simples de se entender. Seria óbvio dizer que todo trabalho, resultante de bons relacionamentos, teria êxito garantido. E que a recíproca seria sempre

---

2 TIRARD, Laurent. *Grandes diretores de cinema*. Rio de Janeiro: Synergia Editora, 2009.

verdadeira. Fosse isso correto, não teríamos como explicar as obras de qualidade rara que resultaram da parceria entre o diretor Werner Herzog e o temperamental ator Klaus Kinski. Eles costumavam brigar no primeiro dia das filmagens e não se falavam mais até o último, a não ser o estritamente necessário para o andamento do trabalho, como se pode ver em um documentário do próprio Herzog, que mostra esta espinhosa relação, chamado *Meu melhor inimigo* (1999). Aqui, porém, não me cabe comentar outras relações senão as do diretor de fotografia com seus pares mais diretos: diretor, diretor de arte e elenco. Obviamente, uma boa relação com o produtor é condição necessária, mas esta é definida *a priori*, antes mesmo de o filme começar a ser rodado, caso contrário o fotógrafo nem seria contratado.

A relação de confiança que se estabelece entre o diretor e o diretor de fotografia é essencial para o bom andamento das filmagens e para se atingir as metas almejadas. Podemos citar inúmeras parcerias famosas como Walter Salles e Walter Carvalho, Fernando Meirelles e César Charlone, Wong Kar-Wai e Christopher Doyle, entre outras. Eles desenvolveram entre si uma confiança que vai além da capacidade e da competência de cada um, que é reconhecida reciprocamente. Falo de uma confiança nas intenções e da cumplicidade na maneira como se olha para as coisas. Faz-se necessária uma proximidade no que tange à compreensão do fazer cinematográfico de cada um. Digo isto porque existem várias maneiras de se contar a mesma história. Se você der o mesmo roteiro a dois diretores, terá no final dois filmes completamente diferentes. Isto também se aplica ao fotógrafo. Um mesmo diretor trabalhando com dois fotógrafos diferentes fará filmes distintos. Assim, quanto maior for a afinidade entre estes profissionais, maiores as chances de se chegar a um resultado que satisfaça a ambos. Como conta Wong Kar-Wai sobre a relação de trabalho com Doyle: “falamos muito pouco porque trabalhamos tanto juntos que quando escolho um ângulo, ele sabe precisamente onde o quadro começa e onde termina"[3]. Ao fotógrafo cabe transformar em imagem as escolhas do diretor, ou melhorá-las, na opinião pouco modesta do diretor de fotografia Edgar Moura.

Outro profissional cujo trabalho está intimamente ligado ao do diretor de fotografia é o diretor de arte. Costumo dizer que o melhor amigo do fotógrafo é o diretor de arte e vice-versa. Isto porque tudo que é mostrado num plano imagético pelo diretor de fotografia, como os cenários, objetos, figurinos e maquiagem, foi concebido no plano material pelo diretor de arte. Antes de virar imagem, cada um destes itens é algo real, que só está no filme porque foi idealizado pelo diretor de arte. E devo dizer que fazer belas imagens não é tarefa das mais complicadas. Porém, o contrário, transformar o horrível em belo, é praticamente impossível. Afinal, fazer milagres não é uma atribuição do fotógrafo. É claro que várias reuniões são necessárias antes das filmagens para se definir as linhas de arte e de fotografia a serem seguidas. Palheta de cores, por exemplo, interfere imensamente no trabalho das duas áreas, porque a luz pode alterar as cores dos objetos e dos cenários, e estes vão influenciar totalmente na decisão do tipo de iluminação usada em cada cena. Apesar da tentativa de se resolver tudo antes de entrar no set, sempre aparecem situações que serão resolvidas minutos antes da câmera começar a rodar. Uma intransigência da parte de um dos dois profissionais provavelmente colocará o trabalho de ambos a perder.

---

3 TIRARD, Laurent. *Grandes diretores de cinema*. Rio de Janeiro: Synergia Editora, 2009.

5.2 Direção de fotografia

O primeiro trabalho do diretor de fotografia é entender que filme se está fazendo. Qual é a proposta da direção, o que diz o roteiro, o que sugere a direção de arte, que tom terá a interpretação dos atores, em que época a história se passa, qual o clima das cenas, onde está o subjetivo, o não dito? Esta é uma busca que começa muito antes da escolha da câmera e das lentes. Começa antes mesmo de se ter o último tratamento do roteiro, aquele que será filmado. O trabalho do fotógrafo começa realmente na sinopse do filme, é quando se discute sobre as sensações que queremos passar para o espectador. É a partir daí e das primeiras versões do roteiro que começa o processo embrionário de criação das imagens que farão parte do último corte.

É comum ouvir das pessoas que assistem a um filme que foi baseado em um livro a seguinte opinião: "o livro é melhor". Usei este fato como exemplo para mostrar onde começa a responsabilidade de um fotógrafo, e com o que muitas vezes ele concorre. Construir a partir do mundo real imagens que foram criadas na imaginação dos leitores, transformados mais tarde em espectadores, não é uma tarefa das mais fáceis. Cabe a ele recriar o mito que habitava os sonhos mais recônditos do leitor. Descobrir para cada situação o melhor enquadramento ou a luz mais apropriada. Como mostrar cada quarto, cada beco, que no livro eram descritos, por vezes, com uma riqueza de detalhes irritante. E ele tem de, diferentemente de um pintor ou de um poeta, lidar com o real. Um lugar que já existe, uma janela que tem aquele tamanho, uma atriz que não é tão bela assim. E tudo isso tem de parecer perfeito. O fotógrafo está exatamente na fronteira entre o técnico e o artístico. Não seria possível chegar a um resultado artístico sem o domínio da técnica, que fica mais claro, tanto nas artes plásticas como na música. Afinal, é notória a técnica necessária para que um gênio da pintura produza uma obra-prima, bem como para que um solista virtuoso de uma orquestra sinfônica emocione sua plateia. Já a percepção das técnicas utilizadas por um diretor de fotografia para causar alguma sensação na audiência é um tanto menos evidente para um público que apenas gosta de bons filmes. Quero dizer que se pode sentir que há uma intenção em uma determinada imagem, mas não se consegue perceber como aquilo foi produzido. Diferentemente do pintor e do músico, o fotógrafo não tem o controle de tudo, existe o imprevisível atuando em cenas filmadas fora do estúdio e na luz do dia. A partir daí, é preciso encontrar a maneira de lidar com inúmeras variáveis que não são uma unanimidade nem mesmo entre os fotógrafos, a começar pelo conceito de uma fotografia para determinado filme que, na maioria das vezes, vem na imaginação de um diretor de fotografia depois de uma detalhada análise do roteiro e de muitas horas de conversa com o diretor. Como na preparação de *Último tango em Paris* (1972), quando Bernardo Bertolucci levou seu fotógrafo Vittorio Storaro a uma exposição de Francis Bacon e disse: "este é o tipo de coisa em que quero me inspirar"[4]. Todavia, o conceito pode virar pó pelas dificuldades de produção ou aos limites impostos pelo orçamento. Não foi o caso de Storaro, que conseguiu reproduzir no filme a atmosfera dos tons alaranjados de Bacon.

Quando se começa a pensar como fotografar um filme, que é talvez o momento mais criativo do trabalho de um fotógrafo, uma série de questões absolutamente subjetivas vão surgindo em forma de imagens. O problema central é quais técnicas serão utilizadas para causar no espectador as mesmas sensações que estamos tendo neste momento. Um dos maiores desafios é como fazer uma determinada situação ir além do simples realismo. Mesmo nos filmes ditos realistas, temos de trabalhar com elementos que nada

4 TIRARD, Laurent. *Grandes diretores de cinema*. Rio de Janeiro: Synergia Editora, 2009.

tem a ver com a realidade. Por mais que uma cena nos pareça, enquanto espectadores, factível e que seja possível vivermos algo semelhante, sabemos que o momento da filmagem está longe da realidade, afinal, no nosso dia a dia não estamos cercados de câmeras, refletores, microfones, gruas, técnicos e tudo mais que envolve a produção de uma obra de ficção.

Para produzir algo "realista" na tela é necessário, por vezes, lançar mão de técnicas e recursos que nada tem de trivial. Também os enquadramentos e as imagens produzidas por determinadas lentes só podem ser vistas na tela. É aí que entra a habilidade do fotógrafo, que, com o diretor, escolhe formas de mostrar as coisas que vão além da simples descrição. O que se deve realmente mostrar e o que se deve simplesmente sugerir? Como disse Wim Wenders: "O cinema chega ao seu mais alto grau de potência quando renuncia justamente a mostrar aquilo que ele pode evocar"[5]. Na tarefa de evocar, sugerir ou insinuar, a iluminação desempenha um papel preponderante. O público, lá no inconsciente, espera o tempo todo ser surpreendido. Nada pode ser pior que descobrir, ainda no meio do filme, qual será o seu desfecho. Quando as luzes da sala se apagam e o projetor começa a metralhar fotogramas, a última coisa que se quer é voltar à realidade antes do letreiro "fim" aparecer. Essa sensação de estarmos vivendo uma vida que não é nossa é a força motriz que arrasta multidões aos cinemas.

Um dos recursos hoje já disponível é a utilização da cor na iluminação. Refletores e filtros coloridos, bem como a especificação do negativo ou ajustes das câmeras digitais, podem produzir diferentes cores que influenciarão diretamente o clima de uma cena. Várias são as teorias (e não me sinto capaz de contrariar, nem de defender) que falam sobre as interferências que as cores provocam na psique humana. Desde a cromotera-

---

5 TIRARD, Laurent. *Grandes diretores de cinema*. Rio de Janeiro: Synergia Editora, 2009.

pia, passando pelas sensações metafóricas emprestadas às cores, como por exemplo, cores quentes ou frias, é comum associar a cor a algum sentimento mais profundo como a alegria ou a tristeza. Existem cores que acalmam, outras que excitam, algumas perturbam, umas até nos remetem ao útero materno. Sempre se pode relacionar a cor de uma cena a uma mensagem subliminar que esperamos transmitir ao espectador. Em muitos filmes, separam-se épocas ou as tramas dos personagens usando a diferença de cores produzida pelo efeito fotográfico. A cor tem também uma função mais descritiva, pois, muitas vezes, indica quando a cena acontece. Os tons de azul geralmente são usados para as cenas noturnas, já as diurnas ganham, em geral, um tom mais alaranjado. A cor, portanto, é um elemento pictórico, funcional e dramático.

Outro artifício que os fotógrafos usam aos borbotões e que só existe nos filmes é a posição do ponto focal. No cotidiano não é possível olhar para uma pessoa e não enxergar o fundo que está atrás dela. Mais difícil ainda é ver em foco um elemento que está mais longe e fora de foco o que está mais perto. Só as lentes conseguem nos fazer enxergar assim. Este não é um recurso apenas estético, do ponto de vista dramático, é um artifício imprescindível. É como pontuar um texto, escolher onde está a ênfase de determinada situação. A mudança de foco permite ao diretor compartilhar com o espectador seu ponto de vista pessoal. A possibilidade de separar, dentro da mesma imagem, elementos mais importantes de outros que nem tanto, contribui de forma extremamente eficaz com a narrativa. Esconder ou realçar pessoas, objetos ou lugares usando o ponto focal pode gerar dúvida ou revelar um segredo capaz de capturar a plateia.

A posição e os movimentos da câmera são elementos narrativos que o fotógrafo tem de utilizar com o maior critério possível. Para muitos fotógrafos, grande parte da boa fotografia está na escolha do enquadramento. Tenho uma opinião muito pessoal de que para cada cena existe uma única e precisa posição de câmera perfeita. Existem algumas ótimas e outras boas, mas só uma é perfeita e não é trivial encontrá-la. Não há receita, mas quando a achamos, temos certeza de que é ali que a câmera deve ficar. É por isto que diversos fotógrafos não gostam de trabalhar com mais de uma câmera, pois só uma estará onde a história exige.

É por isso, também, que existe tanta diferença entre filmes feitos para o cinema e novelas para a televisão. Nas novelas, as câmeras, quatro ou cinco, estão por toda a parte. No cinema, ela está no lugar preciso. O deslocamento horizontal da câmera, chamado de *travelling*, representa um papel importante na gramática cinematográfica de vários diretores. Como Jean Pierre Jeunet, que é tão rigoroso na marcação de seus *travellings* que impede que o operador faça qualquer outro movimento com a câmera. Os *travellings* e as gruas servem para gerar a sensação de que o espectador está se movimentando junto com a câmera. Vão se revelando paulatinamente, dentro da narrativa, as partes da cena que o diretor escolhe organizar no espaço e no tempo. O efeito disso pode parecer imperceptível, mas tem um poder dramático impressionante. Na verdade, todo movimento de câmera carrega sua beleza no rigor com que é executado. Mesmo os movimentos aparentemente menos precisos, como o da câmera na mão, são efetuados a partir de uma marcação de cena meticulosa, em que os atores devem obedecer a marcas para que o quadro durante todo o movimento permaneça fiel ao desejo do diretor.

Natural que, entre todos os recursos dos fotógrafos para a produção de sua gramática, não poderia faltar a luz. A relação de contraste como dizem os puristas. O claro e o escuro como nas pinturas de Rembrandt. A escolha da posição da natureza e da intensidade da iluminação, seja esta natural ou artificial, é a melhor maneira do diretor de fotografia exercer seu poder sobre o que será filmado. É uma espécie de alquimia. É um poder que só ele parece ter naquele momento. Na verdade, nem é tão complexo quanto parece, mas é necessária uma grande experiência para se realizar este trabalho com o mínimo de erros, porque mesmo os mais experientes não estão livres de cometê-los. As dificuldades começam a aparecer porque uma cena nunca é filmada como uma foto, estática. Os atores se movem e a câmera, muitas vezes, também. É preciso, portanto, iluminar todo o trajeto. Os *travellings*, as gruas, os movimentos de câmera na mão, as viradas de rosto, corridas, lutas, beijos, todo tipo de movimento que as pessoas fazem normalmente. O problema é como iluminar tudo. Mas é realmente preciso iluminar tudo? Claro que não. As sombras, as penumbras, os rostos meio iluminados criam uma atmosfera sem a qual a história não se sustentaria. A fotografia deve conduzir o olhar do espectador. Podemos dizer que o roteiro lida com o lado mais consciente e a fotografia flerta com o inconsciente. Alguns diretores, como Takeshi Kitano, definem seus filmes "muito mais como um cinema de imagens do que de ideias"[6], ou como Emir Kusturica, que diz: "Detesto a ideia da traduzir os sentimentos do personagem por meio de diálogo"[7]. Nesta hora, os movimentos de câmera e dos atores e a iluminação das cenas ganham sua real dimensão no cinema, contar a parte da história em que não bastam as palavras.

5.3 O rosto do sujeito: iluminação

Deixei para falar de uma só vez da iluminação e da relação do diretor de fotografia com os atores porque são assuntos que estão intimamente ligados. Existem fotógrafos que iluminam cenas, quadros inteiros, não se importando se um personagem fica com

6 TIRARD, Laurent. *Grandes diretores de cinema*. Rio de Janeiro: Synergia Editora, 2009.

7 TIRARD, Laurent. *Grandes diretores de cinema*. Rio de Janeiro: Synergia Editora, 2009.

rosto entre a luz e a sombra, como Gordon Willis, por exemplo. Não são os mais amados. Já outros têm sempre uma luz especial para o elenco, sobretudo para as atrizes. Como Edgar Moura, que em seu livro *50 anos luz – câmera e ação* transcreve o que disse Louis B. Mayer, da *Metro-Goldwyn-Mayer,* a um fotógrafo alemão de filmes impressionistas que acabara de contratar. "Sei que o senhor faz umas sombras maravilhosas. Continue assim, coloque suas sombras onde bem quiser, menos no rosto das minhas atrizes."[8] Há uma maneira especial de se iluminar rostos. Quando falamos não dos pobres mortais, mas dos rostos dos mitos. A luz tem de ser suave, difusa e delicada. Mesmo que não se possa explicar de onde vem essa luz que não pertence à cena. Isto não importa. A lógica agora é a mitificação. E elas, as atrizes, sabem o que está chegando ao seu rosto. Elas sentem, procuram o melhor ângulo e, por fim, seduzem o fotógrafo para tirar dele, sem dor, seu passaporte para o estrelato. É claro que não são todos os diretores que exigem tal postura, mas o diretor de fotografia tem de estar pronto para tal exigência. Tem de ter sempre uma "carta na manga". Algo rápido que se possa fazer para corrigir uma marca de expressão ou uma olheira indesejada. Afinal, estrelas de cinema não tem olheiras, muito menos rugas, não é mesmo?

Apesar de todos os elementos utilizados pela linguagem cinematográfica como recursos dramáticos, o rosto do ator talvez seja ainda o mais eficiente meio de transmitir emoção. Isto porque existe uma identificação entre o universo emocional exposto pelo personagem e o do espectador, mesmo levando-se em consideração as diferenças culturais que podem afastar o realizador do público. No filme *O rosto* (1958), de Ingmar Bergman, somos tomados o tempo todo pela dúvida. O personagem do ator Max Von Sydow faz parte de uma trupe de artistas viajantes, ele é um

---

8 MOURA, Edgar. *50 anos luz – câmera e ação*. São Paulo: Editora Senac, 2009.

ilusionista que faz um número de hipnose. Em alguns momentos, temos a certeza de seus poderes excepcionais. No instante seguinte, levados pelo talento do ator e pela genialidade de Bergman, essa certeza se esvai. O filme acaba e saímos do cinema sem saber se ele era um mago ou apenas um charlatão.

A luz é parte atuante na criação das expressões capazes de embriagar o público. O expressionismo alemão é pródigo em gerar o estranhamento iluminando um ator de maneira não convencional. Em *O gabinete do doutor Caligari* (1920), do diretor Robert Wiene, esta técnica é usada do modo clássico. Estranhamos porque, neste caso, a luz vem debaixo do rosto do ator e esta não é uma situação usual. Afinal, na maior parte do tempo, toda a luz que recebemos na vida real vem de cima, seja do sol ou das lâmpadas. O filme *noir* abusou de outra técnica: o alto contraste. Pode-se ver nesse gênero de filme uma grande diferença na intensidade de luz entre as duas faces de um mesmo personagem. Por vezes, uma metade do rosto está iluminada e a outra mergulhada na mais profunda escuridão. Isto confere ao personagem um ar dramático, sério, talvez grave. Existe também a contraluz, que desenha o contorno do corpo do personagem. Ele descola o ator ou a atriz do cenário. Às vezes, dá a impressão de fazê-los flutuar, em outras, cria uma espécie de aura, que pode até ser colorida, conferindo ao personagem uma aparência divina. O efeito contraluz também é luminoso e não é muito comum nas situações do cotidiano, embora muitas vezes ele esteja lá, mas não é devidamente notado. Porém, o detalhe que faz as pessoas definitivamente se apaixonarem por suas divas é o brilho no olhar. Desculpe decepcioná-los, mas a qualidade desse brilho pertence aos fotógrafos.

5.4 No set de filmagem

Minhas experiências no set de filmagem não são muitas, mas foram intensas. Quando operei a câmera em *Bicho de sete cabeças* (2001), de Laís Bodanzky – e quero deixar claro que não fui o diretor de fotografia do filme, mas algo mais próximo possível do fotógrafo Hugo Kovensky, que é seu operador de câmera. Naquela ocasião, Laís me disse que queria a câmera como mais um dos personagens. Tarefa nada fácil, porém um desafio prazeroso. A câmera passa praticamente o filme todo sendo operada na mão. Não usamos *travellings*, gruas ou *steadycam*. Laís queria a câmera viva, o que dá à imagem uma organicidade e transporta o espectador realmente para dentro do conflito. Ela ensaiava com os atores já dentro do set. Eu assistia ao ensaio e depois entrava com a câmera, sempre no ombro, propondo os movimentos que tinha discutido previamente com o fotógrafo. A câmera não se propunha a mostrar o rosto de todos os personagens o tempo todo. O que buscávamos sempre era um ponto de vista. Lembro-me de uma cena em que a câmera filmava o personagem de Cássia Kiss dobrando roupas no final de um longo corredor. Neste momento, Neto, personagem de Rodrigo Santoro, começava uma violenta discussão com o pai, vivido por Othon Bastos. A câmera mostra a mãe, que continua a dobrar as roupas. Em dado momento, a discussão esquenta e ela reage aos gritos vindos da cozinha. Ela caminha em direção à briga, passa pela câmera que a acompanha, e junto com ela, entra na cozinha. Só neste momento é que vemos o final da discussão e a saída do personagem principal pela porta. Não foi necessário ver os personagens que brigavam para entender a gravidade do ocorrido. Bastou a reação da mãe. Outra ocasião mais dramática ainda é a cena em que Neto, internado pela primeira vez em um hospital psiquiátrico, sai do dormitório e desce as escadas em direção ao pátio. A câmera está colocada à frente dele, mantendo um close no rosto do personagem, que olha, enquanto desce lentamente, para a multidão de doentes espalhados por todos os cantos. A câmera apenas registra a mudança de fisionomia do ator, sem revelar o que o está perturbando. O movimento é lento. A agonia pode ser vista nos olhos e na expressão boquiaberta de quem jamais imaginara tal situação. Nesta hora, o público, que já sabe onde ele está, mas ainda não foi apresentado ao pior, passa a dividir com o personagem uma cumplicidade que permanecerá até o final da história. Depois, a câmera gira ao redor do ator para revelar, em uma tomada geral, o que só ele tinha visto até então. Dezenas de internos em estado deplorável. Tenho certeza que esta cena ajudou o novato Rodrigo a estabelecer a reputação de ator dramático que carrega hoje.

Depois de alguns anos, muitos documentários e outros programas de TV, fui convidado para operar câmera novamente no filme *Querô* (2007), de Carlos Cortez, com direção de fotografia de Elcio "Alemão" Nagamine. O roteiro foi baseado em uma reportagem feita por Plínio Marcos enquanto ele ainda morava em Santos. Trata-se da história de um garoto que perdeu a mãe ainda bebê, uma prostituta que se suicidou ao beber querosene. Anos mais tarde, ele vai parar na Febem, onde os outros presos o apelidam, por causa da morte trágica da mãe, de Querosene, ou simplesmente, Querô. É um filme com imagens fortes e um tom documental bem evidente. Claro que minha experiência nos documentários muito me ajudou na composição das imagens. Filmamos o tempo todo com duas câmeras. A primeira operada pelo fotógrafo e a outra por mim. Assistíamos a marcação da cena e depois combinávamos quem trabalharia com a grande angular e quem faria os planos mais fechados. A decisão de utilizar duas câmeras foi tomada para agilizar as filmagens, devido à pouca experiência de boa parte do elenco. Eram garotos que faziam parte de um projeto que ensinava teatro e audiovisual em uma comunidade carente de Santos. Alguns deles, inclusive, egressos de entidades de reeducação de menores. Elcio "Alemão" usou em vários momentos uma luz contrastada, dramática, como pedia a situação. As cenas usavam como locação cortiços, prostíbulos, bares e docas na área do cais do porto. A atmosfera é pesada e dura. Os personagens eram feios e rudes. O desafio era colocar aquela vida hostil dentro da imagem cinematográfica.

A cena de *Querô* que mais me marcou foi uma rebelião que filmamos num local transformado pela direção de arte em reformatório. O trabalho do diretor de arte Fred Pinto foi primoroso. Garotos encapuzados, armas, barras de ferro e colchões em chamas criaram um clima de impressionante realismo. A cena não foi ensaiada do modo tradicional, pois seria uma enorme sequência de acontecimentos que filmaríamos na medida em que fossem se desenrolando. Uma vez que os jovens atores chegassem ao clímax da cena, seria praticamente impossível impedi-los de irem até o final. Também seria muito difícil, caso a cena fosse interrompida, chegar novamente na "temperatura" necessária para se recuperar o clima da rebelião. Deveríamos filmar tudo como num documentário. O diretor Carlos Cortez reuniu todos, elenco e equipe, e descreveu em detalhes o que seria feito. Como o prédio tinha três andares, foi definido, mais ou menos, o que aconteceria em cada andar. Até a chegada ao térreo, onde haveria um grande incêndio feito de colchões, roupas de cama, pedaços de madeira e tudo mais que se jogasse na fogueira. Nós, os operadores das câmeras, nos dividimos: Alemão ficou no segundo andar e eu, no primeiro. No térreo estaríamos juntos. A única coisa que pedíamos é que as ações acontecessem de forma contínua, ou seja, os dois garotos que foram escalados para quebrar vidros deveriam quebrar vários para que, em algum momento, uma das câmeras pudesse registrar tal ação. Caso houvesse uma briga, esta deveria durar alguns minutos para dar tempo da câmera achar a melhor posição de filmá-la. Havia apenas um momento da cena que foi ensaiado e devidamente marcado. Era o assassinato de um monitor odiado pelos jovens. A última tomada se daria no final, quando todos chegassem ao pátio, em que deveriam esperar alguns minutos para iniciar o derradeiro incêndio, pois as duas câmeras tinham de descer as escadas que levavam à parte externa. Além disso, imagine a dificuldade de iluminar todo o ambiente para manter o mesmo diafragma ou alterá-lo na hora certa, especialmente na parte exterior, onde a luz mudava completamente. Um trabalho insano para os eletricistas, assistentes e foquistas. Carlão chamou a mim e ao Elcio e disse: "roda tudo o que der, manda pau".

Havia duas preocupações evidentes. A primeira com a integridade de todos, afinal ninguém deveria sair dali machucado. A segunda era se realmente conseguiríamos filmar planos suficientes para cobrir toda a sequência. Todos a postos e ouve-se a voz do diretor: "Som, câmeras, ação!". Naquele momento, foi como o estouro de uma boiada. Dezenas de moleques com os rostos cobertos por panos e camisetas, como já se viu na televisão, começaram a quebrar tudo o que viam. Cadeiras, vidros, mesas, camas, pratos e tudo mais que estava pela frente era arremessado para todos os lados. Os pedaços passavam sobre nossas cabeças e sentíamos a violência dos garotos ofegantes como se corressem para o campo de batalha. Janelas foram quebradas, portas arrancadas, corpos rolavam pelo chão. O barulho era assustador, gritos vinham de toda parte. Uma nuvem misturava fumaça, pó e água. Tenho certeza de que naquele momento ninguém tinha mais o controle da situação. Foi uma das raras vezes em que senti medo de que algo pudesse dar errado. No final, já no pátio, dezenas de pessoas corriam ao redor de uma enorme fogueira. E nós, os câmeras e assistentes, estávamos lá filmando. Não me lembro de como descemos as escadas e do que exatamente foi acontecendo pelo caminho. Como fora pedido, filmamos tudo o que deu para filmar. De novo, um brado é ouvido: "corta!". E somente na montagem fui ver que tínhamos feito uma das sequências mais realistas que se pode imaginar.

Acho que a discussão que enseja todos os aspectos da fotografia de um filme é inesgotável. Na verdade, não sei sequer se já consegui entender na plenitude o trabalho de um diretor de fotografia. É uma mistura da técnica, da arte, do repertório, das influências e, especialmente, da emoção e da intuição. É um caos que deve sair do plano da imaginação e se hospedar num suporte físico que pode, ainda bem, ser transportado para qualquer lugar. É transformar a própria emoção em imagem e torcer para que esta vire uma nova emoção, mas desta vez do espectador. É uma busca constante de aprimoramento no modo de fazer. Como me disse certa vez o diretor de fotografia Walter Carvalho, durante as filmagens de *Chega de Saudade* (2007), de Laís Bodanzky: "O dia em que termino de fazer um filme é o momento em que me sinto pronto para começá-lo".

Referências bibliográficas

LAX, E. *Conversas com Woody Allen*. São Paulo: Cosac Naify, 2008.

MOURA, E. *50 anos luz – câmera e ação*. São Paulo: Senac, 2009.

TIRARD, L. *Grandes diretores de cinema*. Rio de Janeiro: Synergia, 2009

Referências fílmicas

ALLEN, W. *A rosa púrpura do cairo*. [Filme-vídeo]. Direção de Woody Allen. Estados Unidos: Orion Pictures, 1985.

BERGMAN, I. *O rosto*. [Filme-vídeo]. Direção de Ingmar Bergman. Suécia: Svensk Filmindustri, 1958.

BERTOLUCCI, B. *Último tango em paris*. [Filme-vídeo]. Direção de Bernardo Bertolucci. França: United Artists, 1972.

BODANZKY, L. *Bicho de sete cabeças*. [Filme-vídeo]. Direção de Laís Bodanzky. Brasil: Buriti Filmes, 2001.

CORTEZ, C. *Querô*. [Filme-vídeo]. Direção de Carlos Cortez. Brasil: Estúdios Mega, 2007.

DEUTCH, H. *Meu melhor inimigo*. [Filme-vídeo]. Direção de Howard Deutch. Estados Unidos: Paramount Pictures, 1998.

WIENE, R. *O gabinete do doutor Caligari*. [Filme-vídeo]. Direção de Robert Wiene. Alemanha: Decla-Bioscop AG, 1920.

6. Analogias e homologias entre sonho e cinema

LUCIA SANTAELLA

Lucia Santaella é pesquisadora 1A do CNPq, professora titular na pós-graduação em Comunicação e Semiótica, e coordenadora da pós-graduação em Tecnologias da Inteligência e Design Digital (PUC–SP). Doutora em Teoria Literária pela PUC–SP e livre-docente em Ciências da Comunicação pela USP. Publicou 38 livros, entre os quais: *Matrizes da linguagem e pensamento: sonora, visual, verbal* (Iluminuras/Fapesp, Prêmio Jabuti, 2002), *Mapa do jogo: a diversidade cultural dos games* (Organização Cengage Learning, Prêmio Jabuti, 2009) e *A ecologia pluralista da comunicação* (Paulus, Prêmio Jabuti, 2011). Recebeu ainda os prêmios Sergio Motta em Arte e Tecnologia (2005) e Luis Beltrão, maturidade acadêmica (2010).

A menção às relações entre sonho e cinema soa imediatamente convincente. De fato, as semelhanças aparentes entre ambos saltam à vista.

6.1 Luzes e sombras no sonho e no cinema

Assim como as pálpebras se fecham para que venha o sono e este traga o sonho, no cinema, as luzes se apagam. A tela ilumina-se, inundada pelas imagens que, como no sonho, surgem para encantar e rapidamente desaparecer à maneira dos sons na música. Espaços e tempo metamorfoseiam-se em contrações e dilatamentos livres do andamento do tempo real. Acelerações e retardamentos, recuos e avanços amalgamam o fluxo das imagens ao fluxo psíquico do sonhador e do espectador.

A tela iluminada de uma sala escura impõe-se ao espectador que, subjugado, tanto quanto no sonho, não detém nenhum poder sobre as imagens que, ao mesmo tempo, fascinam e perturbam. Tudo se passa em um distinto lugar, fora de seu alcance, mas, simultaneamente, dentro de si. Parados, inativos, os canais da ação externa estão fechados ao espectador e ao sonhador para melhor intensificar a ação psíquica.

> *A imagem cinematográfica, à que falta a força probatória da realidade prática, detém um tal poder afetivo que justifica um espetáculo. À sua realidade prática desvalorizada corresponde uma realidade afetiva eventualmente acrescida, realidade essa a que chamamos o encanto da imagem.* (Xavier, 2008, p.153)

Filme e sonho liberam o olhar para estranhos ângulos de visão. Enquanto no sonho chegamos ao limite de contemplar a nós mesmos, o filme nos conduz por errâncias de pontos de vista libertos dos constrangimentos impostos pela realidade. Em ambos, abundam identificações projetivas que só a luz gerada das sombras poderia permitir. No filme,

> *a obscuridade foi organizada para isolar o espectador, para o "embrulhar em negro" como disse Epstein, para dissolver as resistências diurnas e acentuar todo o fascínio da sombra* (ibid., p.155).

Quanto mais poderosa é a projeção subjetiva, mais a imagem que a ela se fixa tende "a alienar-se, a objetivar-se, a alucinar-se, a fetichizar-se" (Morin, 1970, p.33).

A sessão de cinema apresenta características semi-hipnóticas que se expressam na obscuridade, encantamento, passividade e impotência física.

> *A ausência ou o atrofiamento da participação motriz, prática ou ativa* [...] *está estreitamente ligada à participação psíquica e afetiva. Não podendo exprimir-se por atos, a participação do espectador interioriza-se* (Xavier, 2008, p.154).

Ele nada pode senão entregar-se e ser afetado pelo ato de assistir. O sonhador, igualmente, nada pode senão submeter-se às imagens que brotam dentro de si. Entretanto, mesmo quando se emociona e sofre, o espectador não perde a noção de que está diante de um espetáculo inofensivo. O sonhador, ao contrário, chega a experimentar o paroxismo do sofrimento psíquico porque, muitas vezes, crê que seu sonho é real.

Além dessas similitudes de aparência, há outras possíveis relações entre sonho e cinema. Uma delas foi magistralmente explorada por Edgar Morin, no livro que, sem dúvida, está entre seus melhores, *O cinema ou o homem imaginário* (1970), no qual discute tanto o sonho quanto o cinema sob o ponto de vista do duplo.

6.2 O cinema, o sonho e o duplo

Filme e sonho revelam uma qualidade que, na realidade, só a sombra e o reflexo possuem: o duplo, a imagem espectro.

> *O duplo é, efetivamente, essa imagem fundamental do homem, imagem anterior à íntima consciência de si próprio, imagem reconhecida no reflexo ou na sombra, projetada no sonho, na alucinação, assim como na representação pintada ou esculpida, imagem fetichizada e magnificada nas crenças duma outra vida, nos cultos e nas religiões.*

O duplo é, assim, "a imagem da individualidade humana numa imagem que se lhe tornou externa" (Morin, p.34-35).

A imagem fotográfica já é portadora do duplo, mas a projeção e a animação, próprias do cinema e do sonho, acentuam as qualidades da sombra e do reflexo. No duplo, tudo é e não é ao mesmo tempo. A par de uma realidade positiva que lhe é própria, o duplo é a negação da realidade de que ele é uma projeção tanto física quanto imaginária. É no duplo que se encarnam nossas aspirações, expectativas, desejos, receios e obsessões. Mas é no sonho, como duplo, que a projeção e a identificação atingem seu caráter puro, quando nossos estados subjetivos "se desligam" de nós para tomar corpo em um filme interior, dentro e fora de nós.

Tanto no filme quanto no sonho, a vida desgarra-se do seu leito de indiferenças para exacerbar o afeto. Por isto, Morin (idem) situa a ambos no campo da magia. A afetividade e a magia, no cinema, são devidas à atmosfera por ele criada, que beira o maravilhoso. A composição onírica, por seu lado, encarna a magia misteriosa que foi tão bem explorada pelo surrealismo. Cinema e sonho – um mais, outro menos – não abandonam os fios de conexão com a realidade, mas, na aura fantástica que irradiam, a realidade se vê transfigurada em magia.

Infelizmente, Morin (idem) deixou de ver a indissolúvel ligação do sonho com o inconsciente, ou melhor, deixou de compartilhar a grande descoberta freudiana de que o sonho é uma das formações do inconsciente. Junto com os atos falhos, o chiste e certos esquecimentos, o sonho cede passagem às cenas enigmáticas em que o desejo inconsciente surge ao modo do disfarce. Por isso mesmo, o sonho se lê nas entrelinhas e seu relato se ouve com atenção flutuante.

Se o cinema é parente consanguíneo do sonho e este é a malha de que o inconsciente se tece, então, cinema e inconsciente se irmanam. De fato, não parece haver sítio mais propício do que o cinema para a revelação dos sintomas da cultura e das mutações das subjetividades, para a penetração mais sutil nos mistérios do desejo. Se isto já é verdadeiro do cinema em geral, o que dizer dos filmes que escolhem lançar sua seta exatamente no alvo do desejo?

Entre muitos outros, há dois filmes que se destacam pela exemplaridade no tratamento do tema do desejo: *Esse obscuro objeto do desejo*, de Luis Buñuel (1977), e *De olhos bem fechados*, de Stanley Kubrick (1998). Embora sejam absolutamente distintos devido ao estilo personalíssimo de cada um desses diretores, atravessam com igual maestria os meandros perturbadoramente incompreensíveis da sexualidade humana. Buñuel, através das lentes surrealistas que sondam o desejo à maneira do sonho; Kubrick, com a elegância sóbria e musical das reticências que deixam no ar sentidos indizíveis.

6.3 O cinema como expressão dos sintomas da cultura

Vertente que tem sido bastante explorada, especialmente no campo da semiótica psicanalítica, realiza a análise de obras de arte, literatura, publicidade e filmes fundamentada em conceitos psicanalíticos, com o objetivo de discutir os sintomas da cultura expressos nessas linguagens. Para alguns autores, as narrativas fílmicas constituem-se em rico manancial para isso. Exemplar desse procedimento é o livro de Fantini (2009), *Imagens do pai no cinema. Clínica da cultura contemporânea*, no qual o autor toma o cinema como prototípico para a discussão da violência contemporânea exibida nas mídias. "O cinema pode fornecer pistas quanto às origens dessa violência que circula entre os sujeitos produtores e receptores de culturas." Voltada para a análise dos sintomas, a psicanálise pode dar sua contribuição. Para Fantini, um dos signos cinematográficos dessas questões encontra-se

> *na forma como a figura do pai é apresentada no cinema e as possíveis relações desta figura com a violência posta em cena em produções recentes.* (ibid., p.13)

Na psicanálise, a figura paterna, que Lacan trabalhou sob a expressão da metáfora – o nome do pai – é aquela que sustenta a lei simbólica em circulação na cultura. Portanto, Fantini esclarece:

> *a agressividade que se expressa no âmbito social, como violência ou tentativa de superar ou transgredir o status quo, passa pela lei simbólica e, por consequência, pela figura paterna* (ibid., p.14).

Assim, o mesmo papel que, no século XIX, era ocupado pela literatura, enquanto lugar privilegiado de encenação dos conflitos sociais, foi agora transposto para o cinema.

A interpretação, elaborada por Jurandir Freire Costa, é retomada por Fantini (ibid., p.54):

> *A evolução capitalista,* [*diziam os frankfurtianos*], *criou uma democracia econômica de massas, sem lugar para o poder do pai. Crianças e adultos, até então psicologicamente dependentes da instituição familiar patriarcal,*

foram postos sob a tutela das burocracias anônimas de cuidados médicos, psicológicos, sociais, educativos ou da propaganda maciça de bens de consumo com obsolescência programada. A sociedade industrial e capitalista dispensou a mediação do pai e passou a gerenciar, de forma direta, o sujeito e seus desejos, de modo a adequá-los às suas finalidades econômicas e políticas. A ordem piramidal, como o pai no topo, deu lugar à proliferação de instâncias de controle e incentivo à produção de novas subjetividades.

O declínio da função paterna e o imperativo do gozo têm sido lembrados por vários críticos da cultura. Para Safatle (2004, p.128-129), por exemplo, a tendência das imagens sociais não é mais as representações do "autocontrole sereno" da renúncia pulsional como princípio de conduta. Ao contrário,

> *pela incitação ao gozo como elemento central na lógica de reprodução mercantil do capitalismo, o que proliferam são imagens ideais daqueles que instrumentalizam seus fantasmas e que pautam sua conduta pela exigência irredutível do gozo.*

Para Fantini,

> *mais do que a constatação do declínio da função paterna, o que parece mais interessante nessa discussão é como ele está sendo mostrado, ou seja, como o cinema, enquanto produto da cultura, reflete sobre o assunto e faz propostas.*

Nessa medida, a semiótica psicanalítica dá continuidade a uma tradição que já vem de Freud.

Além dos trabalhos mais citados, *Uma recordação infantil de Leonardo da Vinci* (1969c) e *A Gradiva* (1969a), são inúmeras as referências de Freud à literatura. Para ele, segundo Olga de Sá (1998),

> *a intenção do artista concretizada na obra, no texto, poderia ser compreendida e comunicada em palavras, como todos os outros fenômenos da vida mental. Daí, segundo Freud, ser impossível compreender uma obra de arte, sem aplicar-lhe a Psicanálise, isto é, interpretá-la, descobrir-lhe o significado e o conteúdo.*

Certamente, os teóricos e críticos da literatura não concordarão com essa afirmação, pois reduziria o significado do texto literário e do texto artístico a uma interpretação de ordem exclusivamente psicanalítica. Também do lado da psicanálise, a validade de sua aplicação a fenômenos alheios ao contexto clínico da relação analista-paciente continua sendo tema de discussões inconclusas. Uma vez que não é este o problema a ser tratado neste artigo, vale lembrar que, de todo modo, os estudos das relações entre psicanálise e literatura, psicanálise e semiótica, ganharam grande ímpeto nas décadas do *boom* da semiótica na França e em suas extensões internacionais, nos anos 1970 a 1980 (ver Xavier, 2008, p.355-357). Paradigmáticos dessas relações, no caso do cinema, são *The imaginary signifier. Psychoanalysis and the cinema*, de Christin Metz ([1975] 1982) e *Cinema: a imagem-movimento* e *Cinema: a imagem-tempo*, de Gilles Deleuze ([1983] 1985 e [1985] 1990).

Embora tenha vínculos com essa tradição, a semiótica psicanalítica coloca hoje sua mira nos sintomas que a cultura atual tem colocado em evidência e que reclamam por uma interpretação de ordem psicanalítica, mais ou menos no feitio que tem sido desenvolvido por S. Žižek, apesar de que o pano de fundo dos fundamentos desse autor está muito mais em Hegel do que em quaisquer das correntes da semiótica. Todavia, não é esta, tampouco, a questão que pretendo colocar em destaque neste artigo, mas sim as homologias entre sonho e cinema, já que as homologias vão muito mais fundo do que as meras analogias nas relações de linguagem que ambos – sonho e cinema – entretecem.

6.4 As homologias

Antes de tudo, temos de nos entender quanto ao significado da palavra "homologia". Seu conceito é a ideia central da biologia comparada. Significa algo "igual, mas diferente". Igual porque compartilha uma origem evolutiva comum, diferente porque passou por um processo de descendência com modificação no tempo (a evolução). Simplificando: a homologia quer dizer semelhança de estrutura e de origem, em partes de organismos taxonomicamente diferentes.

Transpondo da biologia para uma comparação entre linguagens, a do sonho e a do cinema, introduzo o relato de um fato que pode nos ajudar a compreender do que se trata. Quando ministrava aulas de poesia no programa de pós-graduação da PUC-SP, nos anos 1970, Décio Pignatari sinalizava, para perplexidade dos alunos, que, se quisessem saber alguma coisa de poesia, deveriam começar por ler a *Interpretação dos sonhos*, de Freud. Qual a ligação entre sonho e poesia? Compartilham o mesmo conteúdo? Certamente, não. Ao contrário, a ligação bem estreita encontra-se no modo de formar no engendramento da linguagem.

Žižek (1996, p.297) também recorre ao conceito de homologia quando busca explicitar a proximidade dos conceitos de fetichismo em Marx e Freud.

> *Como foi possível que Marx, em sua análise do mundo das mercadorias, produzisse uma noção que também se aplica à análise dos sonhos, dos fenômenos histéricos e assim por diante?*

Žižek (idem) responde:

> *Há uma homologia fundamental entre os métodos interpretativos de Marx e Freud – mais precisamente, entre suas respectivas análises da mercadoria e do sonho. Em ambos os casos, a questão é evitar o fascínio propriamente fetichis-*

> *ta do "conteúdo" supostamente oculto por trás da forma: o "segredo" a ser revelado pela análise não é o conteúdo oculto pela forma (a forma da mercadoria, a forma do sonho), mas, ao contrário, o "segredo" dessa própria forma.*

Do mesmo modo, para que as homologias entre sonho e cinema sejam apreendidas, é preciso abandonar o fetiche dos conteúdos, que tanto lambuza os espíritos daqueles que se deleitam com os conteúdos tirados do bolso do colete. Sem forma, não há conteúdo. No caso das homologias, cumpre perguntar como duas linguagens aparentemente distintas podem se plasmar em formas similares. Isto é justamente o que ocorre com o sonho e o cinema, o sonho e a poesia. Seus modos de formar são similares.

6.5 A forma do cinema

Todos os atributos da linguagem do cinema,

> *diferenciação de plano segundo a distância da câmera ao objeto, movimentos da câmera, utilização dos cenários, efeitos especiais de iluminação, fusões, encadeamentos, sobreimpressão etc. se unem, ou melhor, se conjugam e adquirem um sentido, na técnica suprema que é a montagem* (Morin, 1970, p.72).

A montagem constitui-se no cerne da linguagem cinematográfica e, não à toa, é um dos conceitos mais trabalhados na teoria do cinema, "uma noção totalmente central em qualquer teorização do fílmico" (Aumont, 2008, p.53). Segundo este autor, a montagem consiste em três grandes operações: seleção, agrupamento e junção. Estas operações visam obter a totalidade do filme. Simplificando, pode-se afirmar que o objeto da montagem são os planos. Estes são definidos como um certo movimento da câmera e uma duração, equivalendo à expressão "unidade empírica da montagem". Esta consiste em manipular os planos com o intuito de constituir o filme, organizando a sucessão dos planos e estabelecendo sua duração.

A totalidade do filme, que resulta da montagem, repousa sobre dois eixos fundamentais: o tempo e o espaço. O tempo, no cinema, não é apenas comprimível e dilatável, mas também reversível. Mais que isto, a ação narrativa não só recua, mas avança e retorna, fazendo um balancê nos fatos e nas cenas similar ao da memória, da imaginação e das expectativas. No filme, as linhas bem comportadas do presente, passado e futuro desconhecem seus limites para "tocar as múltiplas teclas da duração" (Morin, ibid., p.76).

As relações espaciais não são menos libertárias do que as temporais, revelando-se nos movimentos da câmera e dos sucessivos planos, nas incessantes mudanças nos ângulos de visão, nas aproximações (close-up) e distanciamentos (panorâmicas), nas elipses cujos espaços faltantes o espectador aprende a preencher. Captando os objetos sob pontos de vista inusitados, o filme "submete-os a prodigiosas ampliações", conferindo-lhes "movimentos irreais". A mobilidade multifocal da câmera "salta de lugar para lugar, de plano para plano, ou, sem mudar de plano, circula, avança, recua, navega" (ibid., p.146). Tudo isso sem que a diegese – a ação narrativa – perca seu poder de captura do receptor. Ao contrário, a espaço-temporalidade do filme se tece justamente para intensificar esse poder.

6.6 A forma do sonho

Conforme Žižek (1996, p.197) nos adianta,

> *o entendimento téorico da forma do sonho não consiste em desvendar, a partir do conteúdo manifesto, seu "cerne oculto", os pensamentos latentes do sonho.*

Consiste, isto sim, em se responder "por que os pensamentos latentes do sonho adquiriram essa forma, por que foram transpostos para a forma de um sonho?".

Se o "segredo do sonho" for buscado no conteúdo latente (que Freud também chama de "pensamentos do sonho"), oculto pelo texto manifesto, tudo que encontraremos será um pensamento "normal". Este não é atraído pelo inconsciente, isto é, recalcado, "simplesmente por seu caráter 'desagradável' para a consciência", mas sim porque efetua

> *um curto circuito entre ele mesmo e um outro desejo já recalcado, situado no inconsciente, um desejo que não tem absolutamente nada a ver com o "pensamento latente do sonho".* (ibid., p.198)

A estrutura do sonho é sempre tríplice: o texto manifesto, chamado de conteúdo manifesto; o texto ou conteúdo latente e o desejo inconsciente articulado no sonho. Este último insere-se no interstício entre o conteúdo latente e o manifesto. Ele consiste nos mecanismos do significante, "no tratamento a que o pensamento latente é submetido (...), seu único lugar está na forma do sonho". Assim, "a verdadeira matéria do sonho (o desejo inconsciente) articula-se no trabalho do sonho, na elaboração do seu conteúdo latente". Esse trabalho – ou seja, os mecanismos de deslocamento e condensação – é o que confere a forma do sonho (ibid., p.198-199). Justamente nestes mecanismos, encontra-se o nó górdio das homologias entre sonho e cinema.

6.7 O nó górdio das homologias

Embora os sonhos pareçam "repletos de associações desalinhadas e superficiais" (ver Freud, 1969b, vol. IV, p.94), n'*A interpretação dos sonhos*, foram desvendados os mecanismos que regem essas associações e que, só aparentemente, são fortuitas. A formação dos sonhos baseia-se em dois processos: condensação e deslocamento. Estes entram em operação para transformar os pensamentos latentes no conteúdo manifesto do sonho, tendo em vista a distorção do desejo do sonho que existe no inconsciente (ibid., p.334).

Na condensação, uma única representação reproduz várias cadeias associativas. As energias psíquicas (de pensamentos, desejos), ligadas a essas diferentes cadeias, ficam imantadas nessa representação. Fundem-se, portanto, em uma só representação, elementos que apresentam traços comuns no nível latente. No deslocamento, uma energia de investimento desliga-se da representação e desliza por caminhos associativos. Por obra da censura, um elemento do sonho no nível latente é substituído por um de seus elementos constituintes. Transfere-se, assim, a importância de uma ideia para outra completamente diferente e afastada dela.

A condensação abrevia o conteúdo latente do sonho, operando de três formas: por omissão dos pensamentos latentes inconscientes; por fragmentação do conteúdo latente; pela combinação de vários elementos do conteúdo latente em um elemento no conteúdo manifesto. O deslocamento, por sua vez, disfarça o desejo inconsciente ao mudar a ênfase de uma representação relevante para outra sem importância.

Longe de serem dois eixos que trabalham separadamente, não se pode pensar a condensação sem o deslocamento. Uma das maiores virtudes do deslocamento é que ele encoraja a condensação, acionando sua ocorrência. Segundo Metz (1982, p.286), o deslocamento é uma operação mais geral e mais permanente do que a condensação. Esta precisa do deslocamento para sua própria formação. Uma representação condensada se estabelece na confluência de várias que se deslocaram de seus pontos de origem e que se juntam graças à identificação. Por isto, no processo global, o que chama atenção é a configuração nodal das intersecções condensadas.

Ora, esses dois processos, que Freud detectou no trabalho do sonho e que constituem a sua forma, apresentam uma grande analogia com os dois eixos da linguagem verbal que foram descobertos pelo linguista Ferdinand de Saussure, pouco mais de uma década depois da publicação de *A interpretação dos sonhos*. Para o linguista, as unidades da língua – os signos – organizam-se de acordo com dois princípios: o sintagmático e o associativo. O primeiro é fácil de entender. A fala é linear, um elemento linguístico não pode se sobrepor ao outro, pois não há possibilidade de pronunciar dois elementos ao mesmo tempo. Por isto, eles se alinham um após o outro na cadeia da fala. As combinações entre os elementos linguísticos consecutivos, que se apoiam na extensão, na sucessão, são chamadas de *sintagmas*. Por exemplo: "se tudo der certo, vamos celebrar", uma sílaba vem depois da outra para formar uma palavra, do mesmo modo que uma palavra vem depois da outra para formar uma frase e assim por diante. Em resumo, um termo só adquire o seu valor porque se opõe, em presença, ao que o precede e ao que o segue.

Quanto ao princípio associativo, as palavras, que apresentam algo em comum, associam-se na memória, formando grupos. Assim, as palavras "ensino", "ensinar", "ensinemos" têm em comum o radical. As palavras "ensinamento", "armamento", "desfiguramento" têm em comum o sufixo. A palavra "ensino" pode também estar associada a outras por analogia de significado: "instrução", "aprendizado", "educação", ou ainda por similaridades acústicas, como "ensinamento", "lento", "tento". Assim, cada termo dado funciona, na cadeia associativa, como o centro de uma constelação.

Os dois princípios saussurianos de organização das unidades linguísticas foram depois retomados por vários linguistas. Mas a reconstrução desses conceitos elaborada por Roman Jakobson ([1956] 1973) foi a versão que mais se celebrizou. Ao estudar os distúrbios linguísticos em pacientes afásicos, Jakobson revelou que esses distúrbios sempre afetam um ou outro dos dois eixos da organização linguística: o da combinação-contexto ou o da seleção-substituição.

No primeiro eixo,

> *todo signo é composto de signos constituintes e/ou aparece em combinação com outros signos. Isso significa que qualquer unidade linguística serve, ao mesmo tempo, de contexto para unidades mais simples e/ou encontra seu próprio contexto em uma unidade linguística mais complexa* (ibid., p.39).

Assim, qualquer palavra como, por exemplo, "casa" serve de contexto para os fonemas de que é composta, do mesmo modo que a frase "A casa do governador" serve de contexto para "casa", o que nos faz diferenciar o substantivo "casa" do verbo "casar" na terceira pessoa do indicativo singular.

No segundo eixo,

> *uma seleção entre termos alternativos implica a possibilidade de substituir um pelo outro, equivalente ao primeiro num aspecto e diferente em outro. De fato, seleção e substituição são as duas faces de uma mesma operação* (ibid., p.40).

Por exemplo, na frase "A casa do governador", "casa" poderia ser substituída pela palavra "mansão", por uma questão de seleção que se opera nesse eixo da fala.

Não foi difícil Jakobson perceber, como já estava implícito em Saussure, que o primeiro eixo opera pela contiguidade entre os componentes linguísticos, enquanto o segundo opera por similaridade entre eles. Aliando esses dois fatores, o da contiguidade e o da similaridade, às figuras de linguagem, Jakobson passou a chamar os dois eixos da linguagem de metonímia e metáfora. É dessa nomenclatura e conceitos correspondentes que Lacan se apropriou. Embora tenha percebido a ligação da metáfora com a condensação freudiana e a ligação da metonímia com o deslocamento, Lacan utilizou os dois princípios jakobsonianos para evidenciar as operações que entram em ação no registro do simbólico. Portanto, as relações entre metonímia e metáfora em Lacan e as relações entre deslocamento e condensação em Freud nos colocam frente a frente com outro caso de homologia que não será tratado neste artigo.

De todo modo, não há como evitar a constatação de que as operações do sintagma-metonímia estão para o deslocamento assim como as operações da associação paradigmática-metáfora estão para a condensação. É justamente essa similitude que sustenta as homologias entre o sonho e o cinema, com a diferença de que o trabalho está para o sonho assim como a montagem está para o cinema.

Que a sequência de planos em um filme constitui um procedimento tipicamente metonímico não deve ser objeto de qualquer dúvida. Sequências, por exemplo, de planos de uma mesma paisagem ou de uma mesma casa são basicamente metonímicos. No seu sentido mais amplo, a montagem, quer ela seja resultado da colagem, de movimentos da câmera, da mudança de posição dos objetos filmados, quer ela opere plano a plano, sequência a sequência, parece ser feita tão só e apenas de relações sintagmáticas ininterruptas. Entretanto, sob a aparência da sucessividade, estão operando relações seletivas e substitutivas sem as quais a montagem cinematográfica não seria possível.

Embora a montagem não tenha por tarefa disfarçar, no conteúdo manifesto, o desejo recalcado, trabalho precípuo do sonho, ela é responsável pela ruptura dos quadros do tempo e do espaço, pela ampliação e dilatação dos objetos na tela, pelos efeitos micro e macroscópicos dos planos, enfim, por tudo aquilo que dá à linguagem cinematográfica o seu caráter ímpar, resultante de operações que atuam de maneira similar a *forma* do sonho.

Referências

AUMONT, J. et al. *A estética do filme*. Tradução de Marina Appenzeller. Campinas: Papirus, 2008.

DELEUZE, G. *Cinema*: a imagem-movimento. Tradução de Stella Senra. São Paulo: Brasiliense, 1985.

______. *Cinema*: a imagem-tempo. Tradução de Eloisa de Araujo Ribeiro. São Paulo: Brasiliense, 1990.

FANTINI, J. A. *Imagens do pai no cinema*: clínica da cultura contemporânea. São Carlos: Edufscar, 2009.

FREUD, S. A interpretação dos sonhos. In: *Edição standard brasileira das obras psicológicas completas de Sigmund Freud*. Rio de Janeiro: Imago, 1969. 4 v.

______. Uma recordação infantil de Leonardo da Vinci. In: *edição standard brasileira das obras psicológicas completas de Sigmund Freud*. Rio de Janeiro: Imago, 1969. 9 v.

______. O delírio e os sonhos na Gradiva de W. Jensen. In: *Edição standard brasileira das obras psicológicas completas de Sigmund Freud*. Rio de Janeiro: Imago, 1969. 9 v.

GAY, P. (Org.). *Sigmund Freud*: obras psicológicas. Rio de Janeiro: Imago, 1992.

JAKOBSON, R. Dois aspectos da linguagem e dois tipos de afasia. In: ______. *Linguística e comunicação*. Tradução de Isidoro Blikstein e José Paulo Paes. 6. ed. São Paulo: Cultrix, 1973. p. 34-62.

METZ, C. *The imaginary signifier*: Psychoanalisis and the cinema. Tradução de Celia Britton et al. Bloomington: Indiana University Press, 1982.

MORIN, E. *O cinema ou o homem imaginário*. Tradução de Antonio Pedro Vasconcelos. Lisboa: Moraes, 1970.

SÁ, O. Psicanálise e literatura. *Revista Face*, 1998. Disponível em: <http://www4.pucsp.br/cos/face/psicanal.htm>. Acesso em: 15 ago. 2012.

SAFATLE, V. Depois da culpabilidade: Figuras do supereu na sociedade de consumo. In: DUNKER, C. I. L.; PRADO, J. L. A. (Orgs.). *Žižek crítico*: Política e psicanálise na era do multiculturalismo. São Paulo: Hacker, [2005]. p. 119-140.

SAUSSURE. F. *Curso de linguística geral*. São Paulo: Cultrix, 1969.

XAVIER, I. (Org.). *A experiência do cinema*. 4. ed. São Paulo: Graal, 2008.

ŽIŽEK, S. Como Marx inventou o sintoma?. In: ______. (Org.). *Um mapa da ideologia*. Tradução de Vera Ribeiro. Rio de Janeiro: Contraponto, 1996. p.297-332.